A Ω

Weihnacht

Ausgewählt und zusammengestellt
von Almut Gaugler

ISBN 3 8094 1717 3

Umschlaggestaltung: Atelier Versen
Noten und Vignetten: Fritz Blankenhorn
Layout Burkhard Brehm
Satz: Typobauer Filmsatz GmbH, Scharnhausen
Reproduktionen: Friedrich Beck, Stuttgart
Druck und Bindung: Těšínská tiskárna a.s., Český Těšín

Printed in the Czech Republic

817 2635 4453 6271

Inhalt

ES BEGAB SICH ABER ZU DER ZEIT ...

Es begab sich aber zu der Zeit, daß ein Gebot von dem Kaiser Augustus ausging, daß alle Welt geschätzt würde.

Und diese Schätzung war die allererste und geschah zu der Zeit, da Curenius Landpfleger in Syrien war.

Und jedermann ging, daß er sich schätzen ließe, ein jeglicher in seine Stadt.

Da machte sich auf auch Joseph aus Galiläa, aus der Stadt Nazareth, in das jüdische Land zur Stadt Davids, die da heißt Bethlehem, darum daß er von dem Hause und Geschlechte Davids war,

und daß er sich schätzen ließe mit Maria, seinem vertrauten Weibe, die war schwanger.

Und als sie daselbst waren, kam die Zeit, daß sie gebären sollte.

Und sie gebar ihren ersten Sohn und wickelte ihn in Windeln und legte ihn in eine Krippe; denn sie hatten sonst keinen Raum in der Herberge.

Und es waren Hirten in derselben Gegend auf dem Felde bei den Hürden, die hüteten des Nachts ihre Herde.

Und siehe, des Herrn Engel trat zu ihnen, und die Klarheit des Herrn leuchtete um sie und sie fürchteten sich sehr.

Und der Engel sprach zu ihnen: Fürchtet euch nicht! siehe, ich verkünde euch große Freude, die allem Volk widerfahren wird;

denn euch ist heute der Heiland geboren, welcher ist Christus, der Herr, in der Stadt Davids.

Und das habt zum Zeichen: ihr werdet finden das Kind in Windeln gewickelt und in einer Krippe liegen.

Und alsbald war da bei dem Engel die Menge der himmlischen Heerscharen, die lobten Gott und sprachen:

Ehre sei Gott in der Höhe und Friede auf Erden und den Menschen ein Wohlgefallen!

Und da die Engel von ihnen gen Himmel fuhren, sprachen die Hirten untereinander: Laßt uns nun gehen gen Bethlehem und die Geschichte sehen, die da geschehen ist, die uns der Herr kundgetan hat.

H. GABER

Und sie kamen eilend und fanden beide, Maria und Joseph, dazu das Kind in der Krippe liegen.

Da sie es aber gesehen hatten, breiteten sie das Wort aus, welches zu ihnen von diesem Kinde gesagt war.

Und alle, vor die es kam, wunderten sich der Rede, die ihnen die Hirten gesagt hatten.

Maria aber behielt alle diese Worte und bewegte sie in ihrem Herzen.

Und die Hirten kehrten wieder um, priesen und lobten Gott um alles, was sie gehört und gesehen hatten, wie denn zu ihnen gesagt war.

Aus dem Lukas-Evangelium

MACHT HOCH DIE TÜR, DIE TOR' MACHT WEIT!

Macht hoch die Tür, die Tor' macht weit!
Es kommt der Herr der Herrlichkeit,
ein König aller Königreich,
ein Heiland aller Welt zugleich,
der Heil und Leben mit sich bringt,
derhalben jauchzt, mit Freuden singt:
Gelobet sei mein Gott,
mein Schöpfer reich von Rat.

Er ist gerecht, ein Helfer wert,
Sanftmütigkeit ist sein Gefährt,
sein Königsthron ist Heiligkeit,
sein Zepter ist Barmherzigkeit;
all unsre Not zum End' er bringt,
derhalben jauchzt, mit Freuden singt:
Gelobet sei mein Gott,
mein Heiland groß von Tat.

O wohl dem Land, o wohl der Stadt,
so diesen König bei sich hat.
Wohl allen Herzen insgemein,
da dieser König ziehet ein.
Er ist die rechte Freudensonn',
bringt mit sich lauter Freud' und Wonn'.
Gelobet sei mein Gott,
mein Tröster früh und spat.

Macht hoch die Tür, die Tor' macht weit,
euer Herz zum Tempel zubereit't!
Die Zweiglein der Gottseligkeit
steckt auf mit Andacht, Lust und Freud',
so kommt der König auch zu euch,
ja Heil und Leben mit zugleich.
Gelobet sei mein Gott
voll Rat, voll Tat, voll Gnad'.

Komm, o mein Heiland Jesu Christ,
mein's Herzens Tür Dir offen ist.
Ach, zeuch mit Deiner Gnaden ein,
Dein' Freundlichkeit auch uns erschein'.
Dein heil'ger Geist uns führ' und leit'
den Weg zur ew'gen Seligkeit.
Dem Namen Dein, o Herr,
sei ewig Preis und Ehr'.

Georg Weißel

WINTERNACHT

Verschneit liegt rings die ganze Welt,
ich hab' nichts, was mich freuet,
verlassen steht der Baum im Feld,
hat längst sein Laub verstreuet.

Der Wind nur geht bei stiller Nacht
und rüttelt an dem Baume,
da rührt er seinen Wipfel sacht
und redet wie im Traume.

Er träumt von künft'ger Frühlingszeit,
von Grün und Quellenrauschen,
wo er im neuen Blütenkleid
zu Gottes Lob wird rauschen.

Joseph Freiherr von Eichendorff

MORGEN KOMMT DER WEIHNACHTSMANN

Morgen kommt der Weihnachtsmann,
kommt mit seinen Gaben:
Trommel, Pfeifen und Gewehr,
Fahn' und Säbel und noch mehr,
ja ein ganzes Kriegesheer
möcht ich gerne haben!

Bring uns, lieber Weihnachtsmann,
bring auch morgen, bringe:
Musketier und Grenadier,
Zottelbär und Panthertier,
Roß und Esel, Schaf und Stier,
lauter schöne Dinge!

Doch du weißt ja unsern Wunsch,
kennst ja unsre Herzen!
Kinder, Vater und Mama,
auch sogar der Großpapa,
alle, alle sind wir da,
warten dein mit Schmerzen.

August Heinrich
Hoffmann von Fallersleben

VORFREUDE

Abends, wenn es dunkel ist,
in der Weihnachtswoche,
kommt der liebe heil'ge Christ,
horcht am Schlüsselloche.
Bist du dann recht gut und fein,
will er dir was schenken,
schreibt es in sein Buch hinein,
daß er dran mag denken.

Altes Kinderlied

WAS DAS CHRISTKINDLEIN SAGT

Das Christkindlein bin ich genannt,
den frommen Kindern wohl bekannt,
die ihren Eltern gehorsam sein,
die früh aufstehn und beten gern,
denen will ich alles bescher'n.
Die aber solche Holzböck sein,
die schlagen ihre Schwesterlein
und necken ihre Brüderlein,
steckt Ruprecht in den Sack hinein.

Aus »Des Knaben Wunderhorn«

FRIEDRICH NIETZSCHE
AN MUTTER UND SCHWESTER

Bonn, vor Weihnachten 1864

Meine liebe Mama und liebe Lisbeth

Mein Wunsch ist, daß Ihr das kleine Paketchen erst am Weihnachtsabende aufschnürt, damit Ihr doch eine kleine Überraschung habt, vielleicht auch nur eine Enttäuschung. Meine Bitte ist: nehmt fürlieb, ich gebe Euch von dem Besten, was ich vermag, aber das ist nicht viel. Ihr werdet meine Mühe und meinen Fleiß daran erkennen; immer dachte ich dabei an Euch und wünschte, den Moment bei Euch zu sein, wo Ihr Euch vielleicht darüber freut.

»Und solche liebliche Gedanken laben,
die Arbeit selbst; ich bin am müßigsten,
wenn ich sie tue«

so heißt es in Shakespeares Sturm und so heißt es auch bei mir; müßige Arbeit und arbeitsvolle Muße!

Was sollte ich Euch auch geben, wenn nicht etwas Eigenes, etwas, worin Ihr mich im Bilde wieder seht. Darum habe ich auch noch den Schattenriß meines jetzigen Äußern vorankleben lassen, damit Ihr meine Gabe gern in die Hand nehmt und vielleicht auch oft.

Ihr merkt es schon, daß ich mit einer gewissen Eitelkeit von meinem Werkchen spreche und es hat doch seinen ganzen Zweck verfehlt, wenn es Euch nicht gefallen sollte. Wenn Ihr nur einen Christbaum mit Lichtern habt! Denn es muß sich hübsch ausnehmen im Lichterglanz. Ich werde an dem Christabende natürlich lebhaft an Euch denken, und Ihr jedenfalls auch an mich. Es ist zwar recht gemütlich in meiner Wohnung, und ich will auch jenen Abend sehr angenehm verleben. Auch wir werden uns auf der

Kneipe einen Lichterbaum anzünden, auch wir werden uns gegenseitig kleine Geschenke machen. Aber freilich, das ist nur eine matte Nachahmung einer heimatlichen Gewöhnung, an der eben die Hauptsache, die Familie, der Kreis der Verwandten fehlt …

Wißt Ihr noch, wie gemütlich wir zusammen das vorige Weihnachten in Gorenzen verlebt haben! Sagte ich nicht damals, daß wir über ein Jahr wahrscheinlich nicht beisammen sein würden? Das ist nun eingetroffen. Es war schön in Gorenzen: das Haus und das Dorf im Schneefall, die Abendkirchen, die Melodienfülle in meinem Kopf, der Onkel Oskar, das Bisamfell, die Hochzeit und ich im Schlafrock, die Kälte und vieles Lustige und Ernste. Alles zusammen gibt eine angenehme Stimmung. Wenn ich meine »Silvesternacht« spiele, höre ich diese Stimmung aus den Tönen heraus …

Nun lebt für heute recht wohl, genießt das schöne Fest und denkt meiner immer und besonders am Festabende gern und oft! …

Adieu!

Euer
Friedrich Wilhelm Nietzsche
im Dezember 1864

Guten Abend, gut Nacht,
von Englein bewacht,
die zeigen im Traum
dir Christkindleins Baum.

WIEGENLIED

Guten Abend, gut Nacht,
mit Rosen bedacht,
mit Näglein besteckt,
schlüpf unter die Deck'.
Morgen früh, wenn Gott will,
wirst du wieder geweckt.

Guten Abend, gut Nacht,
von Englein bewacht,
die zeigen im Traum
dir Christkindleins Baum.
Schlaf nun selig und süß,
schau im Traum 's Paradies!

Volkslied

UNSER ERSTER CHRISTBAUM

Es waren die ersten Weihnachtsferien meiner Studentenzeit. Wochenlang hatte ich schon die Tage, endlich die Stunden gezählt bis zum Morgen der Heimfahrt von Graz ins Alpel. Und als der Tag kam, da stürmte und stöberte es, daß mein Eisenbahnzug stecken blieb. Da stieg ich aus und ging zu Fuß, frisch und lustig, sechs Stunden lang durch das Tal, wo der Frost mir Nase und Ohren abschnitt, daß ich sie gar nicht mehr spürte. Durch den Bergwald hinauf, wo mir so warm wurde, daß die Ohren auf einmal wieder da waren und heißer als je im Sommer.

So kam ich, als es schon dämmerte, glücklich hinauf, wo das alte Haus, schimmernd durch Gestöber und Nebel, wie ein verschwommener Fleck stand, einsam mitten in der Schneewüste. Als ich eintrat, wie war die Stube so klein und niedrig und dunkel und warm – urheimlich. In den Stadthäusern verliert man ja allen Maßstab für ein Waldbauernhaus. Aber man findet sich gleich hinein, wenn die Mutter den Ankömmling ohne alle Umstände so grüßt: »Na, weil d' nur da bist!«

Auf dem offenen Steinherd prasselte das Feuer, in der guten Stube wurde eine Kerze angezündet. »Mutter, nit!« wehrte ich ab, »tut lieber das Spanlicht anzünden, das ist schöner.«

Sie tat's aber nicht. Das Kienspanlicht ist für die Werktage. Weil nach langer Abwesenheit der Sohn heimkam, war für die Mutter Feiertag geworden. Darum die festliche Kerze.

Als die Augen sich an das Halblicht gewöhnt hatten, sah ich auch das Nickerl, das achtjährige Brüderlein. Es war das jüngste und letzte. »Ausschauen tust gut!« lobte die Mutter meine vom Gestöber geröteten Wangen.

Der kleine Nickerl aber sah blaß aus. »Du hast ja die Stadtfarb, statt meiner!« sagte ich und habe gelacht. Die Sache war so. Der Kleine tat husten, den halben Winter schon. Und da war eine alte Hausmagd, die sagte es täglich wenigstens dreimal, daß für ein »hustendes Leut« nichts schlechter sei als »der kalte Luft«. Sie verbot es, daß der Kleine hinaus vor die Türe ging. Ich glaube, deshalb war er so blaß, und nicht des Hustens halber.

In der dem Christfest vorhergehenden Nacht schlief ich wenig – etwas Seltenes in jenen Jahren. Die Mutter hatte mir auf dem Herde ein Bett gemacht mit der Weisung, die Beine nicht zu weit auszustrecken, sonst kämen sie in die Feuergrube, wo die Kohlen glosten. Die glosenden Kohlen waren gemütlich, das knisterte in der stillfinsteren Nacht so hübsch und warf manchmal einen leichten Glutschein an die Wand, wo in einem Gestelle die buntbemalten Schüsseln lehnten. Da war ein Anliegen, über das ich schlüssig werden mußte in dieser Nacht, ehe die Mutter an den Herd trat, um die Morgensuppe zu kochen. Ich hatte viel sprechen gehört davon, wie man in den Städten Weihnacht feiert. Da sollen sie ein Fichtenbäumchen, ein wirkliches kleines Bäumlein aus dem Wald, auf den Tisch stellen,

an seinen Zweigen Kerzlein befestigen, sie anzünden, darunter sogar Geschenke für die Kinder hinlegen und sagen, das Christkind hätte es gebracht.

Nun hatte ich vor, meinem kleinen Bruder, dem Nickerl, einen Christbaum zu errichten. Aber alles im geheimen, das gehört dazu. Nachdem es soweit taglicht geworden war, ging ich in den frostigen Nebel hinaus. Und just dieser Nebel schützte mich vor den Blicken der ums Haus herum arbeitenden Leute, als ich vom Walde her mit einem Fichtenwipfelchen gegen die Wagenhütte lief.

Dann ward es Abend. Die Gesindleute waren noch in den Ställen beschäftigt oder in den Kammern, wo sie sich nach der Sitte des Heiligen Abends die Köpfe wuschen und ihr Festgewand herrichteten. Die Mutter in der Küche buk die Christtagskrapfen, und der Vater mit dem kleinen Nikkerl besegnete den Hof. Hatte nämlich der Vater in einem Gefäß glühende

Kohlen, hatte auf dieselben Weihrauch gestreut und ging damit durch alle Räume des Hofes, um sie zu beräuchern und dabei schweigend zu beten. Es sollten böse Geister vertrieben und gute ins Haus gesegnet werden.

Dieweilen also die Leute draußen zu tun hatten, bereitete ich in der großen Stube den Christbaum. Das Bäumchen, das im Scheite stak, stellte ich auf den Tisch. Dann schnitt ich vom Wachsstock zehn oder zwölf Kerzchen und klebte sie an die Ästlein. Unterhalb, am Fuße des Bäumchens, legte ich einen Wecken hin.

Da hörte ich über der Stube auf dem Dachboden auch schon Tritte – langsame und trippelnde. Sie waren schon da und segneten den Bodenraum. Bald würden sie in der Stube sein, mit der wir den Rauchgang zu beschließen pflegten. Ich zündete die Kerzen an und versteckte mich hinter dem Ofen.

Die Tür ging auf, sie traten herein mit ihren Weihgefäßen und standen still. »Was ist denn das?« sagte der Vater mit leiser, langgezogener Stimme. Der Kleine starrte sprachlos drein. In seinen großen, runden Augen spiegelten sich wie Sternlein die Christbaumlichter. – Der Vater schritt langsam zur Küchentür und flüsterte hinaus: »Mutter, Mutter! Komm ein wenig herein.« Und als sie da war: »Mutter, hast du das gemacht?«

»Maria und Josef!« hauchte die Mutter, »was habens denn da auf den Tisch getan?« Bald kamen auch die Knechte und die Mägde herbei, hell erschrocken über die seltsame Erscheinung. Da vermutete einer, ein Junge, der aus dem Tal war: Es könnte ein Christbaum sein...

Sollte es denn wirklich wahr sein, daß Engel solche Bäumlein vom Himmel bringen? – Sie schauten und staunten. Und aus des Vaters Gefäß qualmte der Weihrauch und erfüllte schon die ganze Stube, so daß es war wie ein zarter Schleier, der sich über das brennende Bäumchen legte.

Die Mutter suchte mit den Augen in der Stube herum: »Wo ist denn der Peter?«

Da erachtete ich es an der Zeit, aus dem Ofenwinkel hervorzutreten. Den kleinen Nickerl, der immer noch sprachlos und unbeweglich war, nahm ich an den kühlen Händchen und führte ihn vor den Tisch. Fast sträubte er sich. Aber ich sagte – selber tieffeierlich gestimmt – zu ihm: »Tu dich nicht fürchten, Brüderl! Schau, das lieb Christkindl hat dir einen Christbaum gebracht. Der ist dein.«

Und da hub der Kleine an zu wiehern vor Freude und Rührung, und die Hände hielt er gefaltet wie in der Kirche. – –

Öfter als vierzigmal seither habe ich den Christbaum erlebt, mit mächtigem Glanz, mit reichen Gaben und freudigem Jubel unter Großen und Kleinen. Aber größere Christbaumfreude, ja eine so helle Freude hab ich noch nicht gesehen, als jene meines kleinen Brüderlein Nickerl – dem es so plötzlich und wundersam vor Augen trat – ein Zeichen dessen, der da vom Himmel kam.

Peter Rosegger

WEIHNACHTSABEND

Die fremde Stadt durchschritt ich sorgenvoll,
der Kinder denkend, die ich ließ zu Haus.
Weihnachten war's; durch alle Gassen scholl
der Kinderjubel und des Markts Gebraus.

Und wie der Menschenstrom mich fortgespült,
drang mir ein heiser Stimmlein in das Ohr:
»Kauft, lieber Herr!« Ein magres Händchen hielt
feilbietend mir ein ärmlich Spielzeug vor.

Ich schrak empor, und beim Laternenschein
sah ich ein bleiches Kinderangesicht;
wes Alters und Geschlechts es mochte sein,
erkannt ich im Vorübertreiben nicht.

Nur von dem Treppenstein, darauf es saß,
noch immer hört ich, mühsam, wie es schien:
»Kauft, lieber Herr!« den Ruf ohn Unterlaß;
doch hat wohl keiner ihm Gehör verliehn.

Und ich? – War's Ungeschick, war es die Scham,
am Weg zu handeln mit dem Bettelkind?
Eh meine Hand zu meiner Börse kam,
verscholl das Stimmlein hinter mir im Wind.

Doch als ich endlich war mit mir allein,
erfaßte mich die Angst im Herzen so,
als säß mein eigen Kind auf jenem Stein
und schrie nach Brot, indessen ich entfloh.

Theodor Storm

O TANNENBAUM, O TANNENBAUM

O Tannenbaum, o Tannenbaum,
wie grün sind deine Blätter!
Du grünst nicht nur zur Sommerzeit,
nein, auch im Winter, wenn es schneit.
O Tannenbaum, o Tannenbaum,
wie grün sind deine Blätter!

O Tannenbaum, o Tannenbaum,
du kannst mir sehr gefallen!
Wie oft hat nicht zur Weihnachtszeit
ein Baum von dir mich hoch erfreut.
O Tannenbaum, o Tannenbaum,
du kannst mir sehr gefallen!

O Tannenbaum, o Tannenbaum,
dein Kleid will mich was lehren!
Die Hoffnung und Beständigkeit
gibt Trost und Kraft zu jeder Zeit.
O Tannenbaum, o Tannenbaum,
dein Kleid will mich was lehren!

Ernst Anschütz

KNECHT RUPRECHT

Von drauß, vom Walde komm ich her;
ich muß euch sagen, es weihnachtet sehr!
Allüberall auf den Tannenspitzen
sah ich goldene Lichtlein sitzen;
und droben aus dem Himmelstor
sah mit großen Augen das Christkind hervor.
Und wie ich so strolcht' durch den finsteren Tann,
da rief's mich mit heller Stimme an:
»Knecht Ruprecht«, rief es, »alter Gesell,
hebe die Beine und spute dich schnell!
Die Kerzen fangen zu brennen an,
das Himmelstor ist aufgetan,
Alt' und Junge sollen nun
von der Jagd des Lebens einmal ruhn.
Und morgen flieg ich hinab zur Erden,
denn es soll wieder Weihnachten werden!«

Ich sprach: »O lieber Herre Christ,
meine Reise fast zu Ende ist;
ich soll nur noch in diese Stadt,
wo's eitel gute Kinder hat.«
»Hast denn das Säcklein auch bei dir?«
Ich sprach: »Das Säcklein, das ist hier;
denn Äpfel, Nüss' und Mandelkern
fressen fromme Kinder gern.«
»Hast denn die Rute auch bei dir?«
Ich sprach: »Die Rute, die ist hier!
Doch für die Kinder nur, die schlechten,
die trifft sie auf den Teil, den rechten.«
Christkindlein sprach: »So ist es recht;
so geh mit Gott, mein treuer Knecht!«
Von drauß, vom Walde komm ich her;
ich muß euch sagen, es weihnachtet sehr!
Nun sprecht, wie ich's hierinnen find!
Sind's gute Kind, sind's böse Kind?

Theodor Storm

DER TRAUM

Ich lag und schlief; da träumte mir
ein wunderschöner Traum:
Es stand auf unserm Tisch vor mir
ein hoher Weihnachtsbaum.

Und bunte Lichter ohne Zahl,
die brannten ringsumher;
die Zweige waren allzumal
von goldnen Äpfeln schwer.

Und Zuckerpuppen hingen dran;
das war mal eine Pracht!
Da gab's, was ich nur wünschen kann
und was mir Freude macht.

Und als ich nach dem Baume sah
und ganz verwundert stand,
nach einem Apfel griff ich da,
und alles, alles schwand.

Da wacht' ich auf aus meinem Traum,
und dunkel war's um mich.
Du lieber, schöner Weihnachtsbaum,
sag an, wo find' ich dich?

Da war es just, als rief' er mir:
»Du darfst nur artig sein;
dann steh' ich wiederum vor dir;
jetzt aber schlaf nur ein!

Und wenn du folgst und artig bist,
dann ist erfüllt der Traum,
dann bringet dir der Heil'ge Christ
den schönsten Weihnachtsbaum.«

August Heinrich
Hoffmann von Fallersleben

FRITZ REUTER
AN SEINEN VATER

Dömitz, 20. Dezember 1839

Das Weihnachtsfest steht vor der Tür und klopft mit blaugefrorenen Händen an und bittet um Einlaß; nicht allein jeder, sondern auch jeglicher, ja ich möchte fast sagen jedweder (dies ist wirklich einmal von einem meiner Kommilitonen geschrieben) tritt ihm festlich geschmückt entgegen, reicht ihm die warmen Hände, und jubelnde Herzen schlagen ihm; und wenn es dann empfangen und in die warme, von Wachskerzen und Tannenbaum erleuchtete Stuben geführt ist, verteilt es die Gaben, die jeder auf dem Hausaltar niedergelegt hat. Ich empfange es auch wohl freudig; aber doch nicht so, als wenn ich mit Euch einen Reigen schließen könnte und als wenn ich auch etwas auf dem Altare niederlegen könnte; nichts habe ich als Wünsche für Dein und der Schwestern Wohl und die Bitte um Erhaltung Deiner Liebe. Dies wird denn wohl das letzte Weihnachten sein, das ich fern von Euch zubringen muß, wenigstens im Kerker.

Heute bin ich ein halbes Jahr hier in D. und so muß der Oberstleutnant jetzt einen Bericht über mein Betragen an die preußische Regierung einsenden; daß dieser ein sehr guter sein wird, leidet keinen Zweifel, und wenn meine Freilassung von demselben abhängt, so könnt Ihr mich spätestens binnen 2 Monaten bei Euch sehen ...

Wir haben heute eine rasende Kälte und da kein Schnee liegt, denke ich mit Zagen an Deine Kardenpflanzungen. Ich wünsche, daß Du das neue Jahr froh und gesund antreten mögest. Gedenke Deines Sohnes.

VERSE ZUM ADVENT

Noch ist Herbst nicht ganz entflohn,
aber als Knecht Ruprecht schon
kommt der Winter hergeschritten,
und alsbald aus Schnees Mitten
klingt des Schlittenglöckleins Ton.

Und was jüngst noch, fern und nah,
bunt auf uns herniedersah,
weiß sind Türme, Dächer, Zweige,
und das Jahr geht auf die Neige,
und das schönste Fest ist da.

Tag du der Geburt des Herrn,
heute bist du uns noch fern,
aber Tannen, Engel, Fahnen
lassen uns den Tag schon ahnen,
und wir sehen schon den Stern.

Theodor Fontane

EINSIEDLERS CHRISTNACHT

Nun läuten Weihnachtsglocken
ringsum in Berg und Tal,
nun hört man ein Frohlocken
und Stimmen ohne Zahl,
von jung und alten Herzen
ein Jubeln und ein Scherzen
beim Glanz der Weihnachtskerzen
im Stübchen und im Saal.

Doch horch! Ein Glöcklein klinget
da drauß' im tiefen Wald!
Wer ist es, der es schwinget?
Ein Siedler grau und alt;
er ruft statt Weib und Kinde
sein trautes Waldgesinde
zum Weihnachtsangebinde,
so weit sein Glöcklein hallt.

Da kommt's von Tal und Hügeln
und trippelt durch den Schnee
mit Pfoten und mit Flügeln
die ganze Feldarmee,

und milde streut er Speise
für jeden Gast im Kreise,
für Raben, Fink und Meise,
für Hasen, Fuchs und Reh.

Vom Himmel kam die Kunde
den Hirten auf dem Feld:
»Geboren ist zur Stunde
ein Heiland aller Welt!«
Wo Engel musizieren
und Menschen jubilieren,
sei auch den frommen Tieren
ihr Weihnachtstisch bestellt.

Du wohnst nicht in der Klause,
im finstern Waldgeäst,
du wohnst im warmen Hause,
die Vöglein friert's im Nest,
drum streu vors Fenster Bröcklein,
sie kommen ohne Glöcklein
im dünnen Federröcklein
zum frohen Weihnachtsfest.

Karl Gerok

DER TANNENBAUM

Draußen im Walde stand ein hübscher Tannenbaum, er hatte einen guten Platz, Sonne konnte er bekommen, Luft war genug da, und ringsum standen viele größere Gefährten, Tannen wie auch Kiefern; aber der kleine Tannenbaum war so sehr darauf versessen zu wachsen, er dachte nicht an die warme Sonne und die frische Luft, er kümmerte sich nicht um die Bauernkinder, die miteinander schwatzten, wenn sie herauskamen, um Erdbeeren oder Himbeeren zu pflücken; oft hatten sie einen ganzen Krug voll oder hatten Erdbeeren auf Halme aufgezogen, dann setzten sie sich neben das Bäumchen und sagten: »Nein! wie ist es niedlich klein!« Das mochte der Baum gar nicht hören.

Ein Jahr später war er um einen ganzen Schoß größer geworden, und das Jahr darauf wieder um einen länger; denn einer Tanne kann man immer, je nach der Zahl der Schößlinge, die sie hat, ansehen, wie viele Jahre sie alt ist.

»Oh, wäre ich doch so ein großer Baum wie die anderen!« seufzte der kleine Baum. »Dann könnte ich meine Äste weithin ausbreiten und mit der Spitze in die weite Welt hinausschauen! Die Vögel würden dann in meinen Zweigen nisten, und wenn es windig wäre, könnte ich ganz vornehm nikken, ebenso wie die anderen dort!«

Er hatte gar keine Freude am Sonnenschein, an den Vögeln oder den roten Wolken, die morgens und abends über ihn hinwegsegelten.

War es dann Winter und der Schnee lag ringsum funkelnd weiß, so kam oft ein Hase angehoppelt und setzte mir nichts dir nichts über das Bäumchen hinweg – oh, das war sehr ärgerlich! – Aber es vergingen zwei Winter, und im dritten war der Baum so groß, daß der Hase um ihn herumgehen mußte. Ach, wachsen, groß und alt werden, das ist doch das einzig Schöne in dieser Welt, dachte der Baum.

Im Herbst kamen immer die Holzfäller und fällten einige von den größten Bäumen; das geschah alljährlich, und die junge Tanne, die jetzt so gut wie erwachsen war, erbebte, denn die großen, prachtvollen Bäume fielen mit Krachen und Getöse zu Boden. Die Äste wurden ihnen abgehauen, sie sahen ganz kahl, lang und schmal aus, sie waren fast nicht wiederzuerkennen; aber dann wurden sie auf Wagen gelegt, und Pferde zogen sie aus dem Wald hinaus.

Wo kamen sie hin? Was stand ihnen bevor?

Im Frühling, als die Schwalbe und der Storch kamen, fragte der Baum sie: »Wißt ihr nicht, wo man sie hingeführt hat? Seid ihr ihnen nicht begegnet?«

Die Schwalben wußten nichts, aber der Storch sah nachdenklich aus, nickte mit dem Kopf und sagte: »Doch, ich glaube es! Ich bin vielen neuen Schiffen begegnet, als ich aus Ägypten fortflog; auf den Schiffen waren prächtige Mastbäume, ich glaube bestimmt, daß sie es waren, sie rochen nach Tanne; ich kann vielmals grüßen, sie ragen, sie ragen empor!«

»Oh, wäre ich doch auch groß genug, um über das Meer hinfliegen zu können! Wie ist es eigentlich, dies Meer, und wie sieht es aus?«

»Ach, das zu erklären ist zu umständlich!« sagte der Storch, und dann ging er.

»Freue dich deiner Jugend«, sagten die Sonnenstrahlen; »freue dich über dein frisches Gedeihen, das junge Leben, das in dir ist!«

Und der Wind küßte den Baum, und der Tau vergoß Tränen deswegen, aber das verstand der Tannenbaum nicht.

Wenn die Weihnachtszeit nahte, wurden ganz junge Bäume gefällt, Bäume, die oft nicht einmal so groß oder so alt waren wie diese Tanne, die nicht ruhte noch rastete, sondern immer vorwärts wollte; diese jungen Bäume, und es waren gerade die allerschönsten, behielten immer ihre Zweige, sie wurden auf Wagen gelegt, und Pferde zogen sie aus dem Wald hinaus.

»Wo kommen die hin?« fragte die Tanne. »Sie sind nicht größer als ich, es war sogar einer dabei, der viel kleiner war; weshalb behielten sie alle ihre Zweige? Wo fahren sie hin?«

»Das wissen wir! das wissen wir!« zwitscherten die Sperlinge. »Wir haben unten im Ort durch die Scheiben geguckt! Wir wissen, wo sie hinfahren! Oh, sie kommen zur größten Pracht und Herrlichkeit, die man sich vorstellen kann! Wir haben durch die Fenster geguckt und gesehen, daß sie mitten in die warme Stube gepflanzt und mit den hübschesten Sachen geschmückt wurden, mit vergoldeten Äpfeln, Honigkuchen, Spielzeug und vielen hundert Kerzen!«

»Und dann ...?« fragte die Tanne und bebte mit allen Zweigen. »Und dann? Was geschieht dann?«

»Ja, mehr haben wir nicht gesehen! Es war unvergleichlich!«

»Ob ich auf die Welt gekommen bin, um diesen glänzenden Weg zu gehen?« jubelte der Tannenbaum. »Das ist noch besser, als über das Meer zu fahren! Wie ich an Sehnsucht leide! Wäre es doch Weihnachten! Jetzt bin ich groß und hoch wie die anderen, die im letzten Jahr fortgebracht wurden! – Oh, wäre ich schon auf dem Wagen! Wäre ich doch in der warmen Stube mit all der Pracht und Herrlichkeit! Und dann ...? Ja, dann kommt noch etwas Besseres, noch etwas Schöneres, weshalb würden sie mich sonst so schmücken? Da muß etwas noch Größeres kommen, etwas noch Herrlicheres ...! Aber was? Oh, ich leide! Ich sehne mich! Ich weiß selber nicht, was mit mir ist!«

»Freue dich an mir!« sagten die Luft und das Sonnenlicht. »Freue dich über deine frische Jugend draußen im Freien!«

Aber er freute sich gar nicht, er wuchs und wuchs, Winter und Sommer grünte er, dunkelgrün war er; Leute, die ihn sahen, sagten: »Das ist ein hübscher Baum!« und um die Weihnachtszeit wurde er als erster von allen gefällt. Die Axt hieb tief durch das Mark, der Baum stürzte mit Ächzen zu

Boden, er spürte einen Schmerz, eine Kraftlosigkeit, er konnte gar nicht an irgendein Glück denken, er war so betrübt, sich von der Heimat trennen zu müssen, von dem Fleck, wo er aufgewachsen war; er wußte ja, er sah die lieben alten Gefährten, die kleinen Büsche und Blumen ringsum niemals wieder, ja, vielleicht nicht einmal die Vögel. Der Aufbruch war gar nicht so angenehm.

Der Baum kam erst wieder zu sich, als er auf dem Hofe zusammen mit den anderen Bäumen abgeladen wurde und einen Mann sagen hörte: »Der ist prächtig! Wir brauchen keinen weiter als nur diesen!«

Nun kamen zwei Diener in vollem Putz und trugen den Tannenbaum in einen großen, schönen Saal. Ringsum an den Wänden hingen Porträts, und neben dem großen Kachelofen standen große chinesische Vasen mit Löwen auf dem Deckel; hier gab es Schaukelstühle, seidene Sofas, große Tische voller Bilderbücher und Spielzeug für hundertmal hundert Reichstaler – das sagten jedenfalls die Kinder. Und der Tannenbaum wurde in einen großen Kübel mit Sand gestellt, aber niemand konnte sehen, daß es ein Kübel war, denn es wurde grüner Stoff herumgehängt, und er wurde auf eine große bunte Decke gestellt. Oh, wie der Baum bebte! Was würde nur geschehen? Die Diener und auch die Fräulein gingen herum und schmückten ihn. An einen Zweig hängten sie kleine Netze, aus buntem Papier geschnitten; jedes Netz war mit Zuckerwerk gefüllt; vergoldete Äpfel und Walnüsse hingen herab, als ob sie daran festgewachsen wären, und über hundert rote, blaue und weiße Lichtchen wurden an den Zweigen festgesteckt. Puppen, die wie leibhaftige Menschen aussahen – der Baum hatte so etwas nie gesehen –, schwebten in dem Grün, und zualleroberst auf der Spitze wurde ein großer Stern aus Rauschgold festgemacht; es war prächtig, ganz unbeschreiblich prächtig.

»Heute abend«, sagten sie alle, »heute abend wird er strahlen!«

»Oh«, dachte der Baum, »wäre es doch Abend! wären bloß die Lichter bald angezündet! Und was dann wohl geschieht! Ob dann Bäume aus dem Walde kommen und mich betrachten? Ob die Sperlinge an der Scheibe vorbeifliegen? Ob ich hier anwachse und Winter und Sommer geputzt stehe?«

O ja, der sollte was erleben! Aber ihm tat richtig die Rinde weh vor lauter Sehnsucht, und Rindenweh ist ebenso schlimm für einen Baum wie Kopfweh für uns andere.

Jetzt wurden die Lichter angezündet. Welch ein Glanz, welch eine Pracht, der Baum bebte davon an allen Zweigen, so daß eins von den Lichtern das Grün ansteckte; es brannte richtig.

»Hilf Himmel!« schrien die Fräulein und löschten in aller Eile.

Nun getraute der Baum sich nicht einmal zu beben. Oh, es war schrecklich! Er hatte große Angst, etwas von all seinem Prunk zu verlieren, er stand ganz benommen in all dem Glanz – und nun gingen beide Flügeltüren auf, und eine Menge Kinder stürzten herein, so als wollten sie den ganzen Baum umkippen; die älteren Leute kamen bedächtig hinterdrein, die Kleinen standen ganz stumm – aber nur einen Augenblick, dann jubelten sie wieder so, daß es hallte; sie tanzten um den Baum, und ein Geschenk nach dem anderen wurde heruntergeholt.

»Was tun sie da wohl?« dachte der Baum. »Was wird geschehen?« Und die Lichter brannten bis auf die Zweige herunter, und der Reihe nach, wie sie herunterbrannten, blies man sie aus, und dann wurde den Kindern erlaubt, den Baum zu plündern. Ach, sie stürzten sich auf ihn, daß es in allen Zweigen knackte; wäre er nicht mit der Spitze und dem goldenen Stern an der Decke festgemacht gewesen, dann wäre er umgefallen.

Die Kinder tanzten mit ihrem prächtigen Spielzeug herum, niemand sah den Baum an außer der alten Kinderfrau, die zwischen die Äste schaute, aber das tat sie nur, um nachzusehen, ob nicht noch eine Feige oder ein Apfel vergessen worden war.

»Eine Geschichte, eine Geschichte!« riefen die Kinder und zogen einen kleinen dicken Mann zum Baum, und er setzte sich darunter. »Weil wir dann nämlich im Grünen sind«, sagte er, »und besonders dem Baum tut es gut, zuzuhören! Aber ich erzähle nur eine Geschichte. Wollt ihr die von Ivede-Avede hören oder die von Klumpe-Dumpe, der die Treppen hinunterfiel und trotzdem auf den Thron kam und die Prinzessin erhielt?«

»Ivede-Avede!« schrien einige, »Klumpe-Dumpe!« schrien andere; es war ein Rufen und Schreien, nur der Tannenbaum schwieg ganz still und dachte: »Soll ich gar nicht dabeisein, gar nichts tun?« Er war ja mit dabeigewesen, hatte getan, was er tun sollte.

Und der Mann erzählte von »Klumpe-Dumpe, der die Treppe hinunterfiel und doch auf den Thron kam und die Prinzessin erhielt«. Und die Kinder klatschten in die Hände und riefen: »Erzähle! erzähle!« sie wollten auch »Ivede-Avede« hören, aber sie bekamen nur die von »Klumpe-Dumpe«. Der Tannenbaum stand ganz still und nachdenklich da, nie hatten die Vögel draußen im Wald dergleichen erzählt. »Klumpe-Dumpe fiel die Treppe hinunter und bekam doch die Prinzessin! Ja ja, so geht es in der Welt zu!« dachte der Tannenbaum und glaubte, es sei wahr, weil der Mann, der es erzählte, so nett war. »Ja ja, wer kann es wissen! vielleicht falle ich auch die Treppe hinunter und bekomme eine Prinzessin!« Und er freute sich darauf, am nächsten Tag mit Lichtern und Spielzeug, Gold und Früchten geputzt zu werden.

»Morgen werde ich nicht zittern!« dachte er. »Ich werde mich so recht all meiner Herrlichkeit erfreuen. Morgen werde ich wieder die Geschichte von ›Klumpe-Dumpe‹ hören und vielleicht die von ›Ivede-Avede‹.« Und der Baum stand die ganze Nacht still und nachdenklich da.

Am Morgen kamen Hausknecht und Magd herein.

»Jetzt geht das Putzen von neuem los!« dachte der Baum, aber sie schleppten ihn aus der Stube, die Treppe hinauf, auf den Boden, und dort stellten sie ihn in eine dunkle Ecke, wo kein Licht hinschien. »Was soll das heißen?« dachte der Baum. »Was soll ich wohl hier machen? Was werde ich hier wohl zu hören bekommen?« Und er lehnte sich gegen die Mauer und stand da und dachte und dachte. – Und Zeit genug hatte er, denn es vergingen Tage und Nächte, keiner kam herauf; und kam wirklich mal jemand, dann nur, um einige große Kisten in die Ecke zu stellen. Der Baum stand ganz versteckt, man sollte meinen, er wäre völlig vergessen worden.

»Jetzt ist draußen Winter!« dachte der Baum. »Die Erde ist hart und mit Schnee bedeckt, die Menschen können mich nicht einpflanzen; deswegen soll ich wohl hier unter Dach stehen bis zum Frühling! Wie umsichtig! wie gütig sind doch die Menschen! – Wäre es hier nur nicht so dunkel und so schrecklich einsam! – Nicht einmal ein kleiner Hase! Das war doch so reizend draußen im Wald, wenn Schnee lag und der Hase vorüberhoppelte; ja, selbst als er über mich hinwegsprang, aber das mochte ich damals nicht. Hier oben ist es doch schrecklich einsam!«

»Pieps, pieps!« sagte in diesem Augenblick ein Mäuschen und schlüpfte hervor, und dann kam noch eine kleine Maus. Sie beschnupperten den Tannenbaum und huschten zwischen seinen Ästen hindurch.

»Es ist eine greuliche Kälte!« sagten die kleinen Mäuse. »Sonst ist hier gut sein! Nicht wahr, du alter Tannenbaum?«

»Ich bin gar nicht alt!« sagte der Tannenbaum; »es gibt viele, die viel älter sind als ich!«

»Wo kommst du her?« fragten die Mäuse, »und was weißt du?« Die waren aber wirklich neugierig. »Erzähle uns doch von dem schönsten Ort auf Erden! Bist du da gewesen? Bist du in der Speisekammer gewesen, wo Käse auf den Wandbrettern liegen und Schinken unter der Decke hängen, wo man auf Talglichtern tanzt und mager hineingeht und fett herauskommt?«

»Davon weiß ich nichts«, sagte der Baum, »aber den Wald kenne ich, wo die Sonne scheint und wo die Vögel singen!« und dann erzählte er alles aus seiner Jugendzeit, und die kleinen Mäuse hatten nie zuvor Derartiges vernommen, und sie hörten genau zu und sagten: »Nein, wie viel hast du doch gesehen! Wie bist du glücklich gewesen!«

»Ich?« sagte der Tannenbaum und dachte über das nach, was er selber erzählte. »Ja, es waren im Grunde ganz vergnügliche Zeiten!« – Aber dann erzählte er vom Weihnachtsabend, als er mit Kuchen und Lichtern geschmückt war.

»Oh!« sagten die kleinen Mäuse, »wie bist du glücklich gewesen, du alter Tannenbaum!«

»Ich bin gar nicht alt!« sagte der Baum. »Ich bin erst in diesem Winter aus dem Walde gekommen, ich bin in meinem allerbesten Alter, ich bin nur etwas gedrungen von Wuchs!«

»Wie schön du erzählst!« sagten die kleinen Mäuse, und in der nächsten Nacht kamen sie mit vier anderen Mäuslein, die hören sollten, wie der Baum erzählte; und je mehr er erzählte, desto deutlicher kam ihm die Erinnerung an alles, und er fand: »Es waren doch ganz vergnügliche Zeiten! Aber sie können wiederkommen, sie können wiederkommen! Klumpe-Dumpe fiel die Treppe hinunter und bekam doch die Prinzessin, vielleicht kann ich auch eine Prinzessin bekommen.«

Und dann dachte der Tannenbaum an so eine kleine, niedliche Birke, die draußen im Walde stand, die war für den Tannenbaum eine wirklich schöne Prinzessin.

»Wer ist Klumpe-Dumpe?« fragten die kleinen Mäuse. Und dann erzählte der Tannenbaum das ganze Märchen, er hatte jedes einzelne Wort behalten. Es hätte nicht viel gefehlt, und die kleinen Mäuse wären vor lauter Vergnügen auf die Spitze des Baumes gesprungen. In der nächsten Nacht kamen immer mehr Mäuse, und am Sonntag sogar zwei Ratten; aber die sagten, die Geschichte sei nicht lustig, und das betrübte die kleinen Mäuse, denn nun gefiel sie ihnen auch nicht mehr so gut.

»Kennen Sie nur diese eine Geschichte?« fragten die Ratten.

»Nur die eine!« antwortete der Baum, »die hörte ich an meinem glücklichsten Abend, aber damals dachte ich nicht daran, wie glücklich ich war!«

»Es ist eine außerordentlich schlechte Geschichte! Kennen Sie keine mit Speck und Talglichtern? Keine Speisekammergeschichten?«

»Nein!« sagte der Baum.

»Ja, dann danken wir bestens!« erwiderten die Ratten und gingen nach Hause.

Die kleinen Mäuse blieben zuletzt auch weg, und da seufzte der Baum: »Es war doch ganz schön, als sie um mich herumsaßen, die geschwinden Mäuslein, und zuhörten, was ich erzählte! Nun ist das auch vorbei! – Aber ich werde darauf achthaben, daß ich mich vergnüge, wenn ich nun wieder hervorgeholt werde!«

Aber wann würde das sein? – O doch, eines Morgens kamen Leute und kramten auf dem Boden; die Kisten wurden weggeschoben, der Baum wurde hervorgezogen; sie warfen ihn allerdings ein wenig hart auf den Fußboden, aber schnell schleifte ihn ein Knecht zur Treppe, wo das Tageslicht schimmerte.

»Jetzt fängt das Leben wieder an!« dachte der Baum, er spürte die frische Luft, den ersten Sonnenstrahl. – Und nun war er draußen auf dem Hof, alles ging so geschwind, der Baum vergaß ganz, sich selber anzu-

schauen, es war ringsum so viel zu sehen. Der Hof grenzte an einen Garten, und da drinnen blühte alles; die Rosen hingen frisch und duftend über den kleinen Zaun, die Lindenbäume blühten, und die Schwalben flogen umher und sagten: »Quirre-wirre-witt, mein Mann ist gekommen!« aber den Tannenbaum, den meinten sie nicht.

»Nun werde ich leben!« jubelte er und breitete weit seine Zweige aus. Ach, die waren alle welk und gelb, er lag in der Ecke zwischen Unkraut und Nesseln. Der goldene Papierstern saß noch oben in der Spitze und blitzte im hellsten Sonnenschein.

Auf dem Hofe selber spielten ein paar von den lustigen Kindern, die zur Weihnachtszeit um den Baum getanzt waren und sich so über ihn gefreut hatten. Eins von den kleinsten kam herbeigerannt und riß den goldenen Stern ab.

»Seht doch, was hier noch an dem scheußlichen alten Weihnachtsbaum sitzt!« sagte es und trampelte auf den Zweigen herum, daß sie unter seinen Stiefeln knackten.

Und der Baum betrachtete die ganze Blumenpracht und die Frische im Garten, er betrachtete sich selber, und er wünschte, er wäre in seiner finsteren Ecke auf dem Boden geblieben; er dachte an seine frische Jugendzeit im Wald, an den lustigen Weihnachtsabend und an die kleinen Mäuse, die so fröhlich der Geschichte von Klumpe-Dumpe gelauscht hatten.

»Vorbei! vorbei!« sagte der arme Baum. »Hätte ich mich doch gefreut, als ich es noch konnte! Vorbei! vorbei!«

Und der Hausknecht kam und hackte den Baum in kleine Stücke, ein ganzer Stapel lag da; prächtig loderte er unter dem großen Braukessel, und der Baum seufzte so schwer, jeder Seufzer war wie ein kleiner Schuß. Darum kamen die Kinder, die gespielt hatten, angerannt und setzten sich vor das Feuer, schauten hinein und riefen: »Piff! paff!« Aber bei jedem Knall, der ein tiefer Seufzer war, dachte der Baum an einen Sommertag im Wald, eine Winternacht dort draußen, als die Sterne glänzten; er dachte an den Weihnachtsabend und an Klumpe-Dumpe, das einzige Märchen, das er gehört hatte und erzählen konnte – und dann war der Baum verbrannt.

Die Jungen spielten auf dem Hof, und der kleinste hatte auf der Brust den goldenen Stern, den der Baum an seinem glücklichsten Abend getragen hatte; nun war dieser zu Ende, und mit dem Baum war es zu Ende, und mit der Geschichte auch: zu Ende, zu Ende – und das sind alle Geschichten einmal!

Hans Christian Andersen

DAS WEIHNACHTSBÄUMLEIN

Es war einmal ein Tännelein
mit braunen Kuchenherzlein
und Glitzergold und Äpflein fein
und vielen bunten Kerzlein:
Das war am Weihnachtsfest so grün,
als fing es eben an zu blühn.

Doch nach nicht gar zu langer Zeit,
da stands im Garten unten,
und seine ganze Herrlichkeit
war, ach, dahingeschwunden.
Die grünen Nadeln war'n verdorrt,
die Herzlein und die Kerzlein fort.

Bis eines Tags der Gärtner kam,
den fror zu Haus im Dunkeln,
und es in seinen Ofen nahm –
hei! tats da sprühn und funkeln!
Und flammte jubelnd himmelwärts
in hundert Flämmlein an Gottes Herz.

Christian Morgenstern

AM WEIHNACHTSBAUM DIE LICHTER BRENNEN

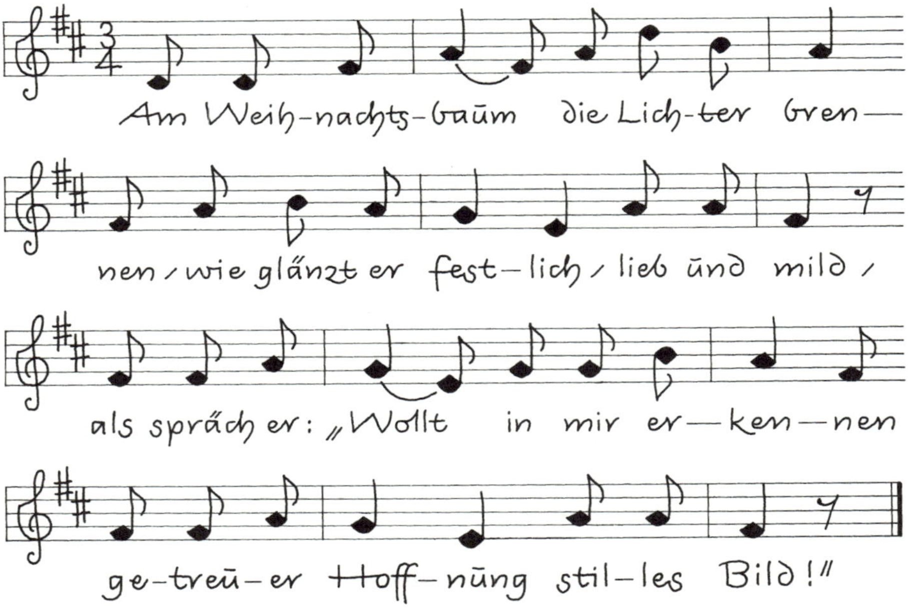

Am Weihnachtsbaum die Lichter brennen,
wie glänzt er festlich, lieb und mild,
als spräch er: »Wollt in mir erkennen
getreuer Hoffnung stilles Bild!«

Die Kinder stehn mit hellen Blicken,
das Auge lacht, es lacht das Herz;
o fröhlich seliges Entzücken!
Die Alten schauen himmelwärts.

Zwei Engel sind hereingetreten,
kein Auge hat sie kommen sehn;
sie gehn zum Weihnachtstisch und beten
und wenden wieder sich und gehn.

»Gesegnet seid, ihr alten Leute,
gesegnet sei, du kleine Schar!
Wir bringen Gottes Segen heute
dem braunen wie dem weißen Haar.

Zu guten Menschen, die sich lieben,
schickt uns der Herr als Boten aus,
und seid ihr treu und fromm geblieben,
wir treten wieder in dies Haus.«

Kein Ohr hat ihren Spruch vernommen;
unsichtbar jedes Menschen Blick
sind sie gegangen wie gekommen;
doch Gottes Segen blieb zurück!

Hermann Kletke

ADVENT

Ich klopfe an zum heiligen Advent
und stehe vor der Tür!
O selig, wer des Hirten Stimme kennt,
und eilt und öffnet mir!
Ich werde Nachtmahl mit ihm halten,
ihm Gnade spenden, Licht entfalten,
der ganze Himmel wird ihm aufgetan:
Ich klopfe an.

Ich klopfe an, da draußen ist's so kalt
in dieser Winterzeit;
vom Eise starrt der finstre Tannenwald,
die Welt ist eingeschneit,
auch Menschenherzen sind gefroren,
ich stehe vor verschloßnen Toren,
wo ist ein Herz, den Heiland zu empfahn?
Ich klopfe an.

Ich klopfe an, sähst du mir nur einmal
ins treue Angesicht,
den Dornenkranz, der Nägel blutig Mal,
o du verwärfst mich nicht!
Ich trug um dich so heiß Verlangen,
ich bin so lang dich suchen gangen,
vom Kreuze her komm ich die blut'ge Bahn:
Ich klopfe an.

Ich klopfe an, der Abend ist so traut,
so stille, nah und fern,
die Erde schläft, vom klaren Himmel schaut
der lichte Abendstern;
in solchen heilgen Dämmerstunden
hat manches Herz mich schon gefunden;
o denk, wie Nikodemus einst getan:
Ich klopfe an!

Ich klopfe an und bringe nichts als Heil
und Segen für und für,
Zacchäus Glück, Marias gutes Teil
beschert ich gern auch dir,
wie ich den Jüngern einst beschieden
in finstrer Nacht den süßen Frieden,
so möcht' ich dir mit sel'gem Gruße nahn:
Ich klopfe an.

Ich klopfe an, bist, Seele, du zu Haus,
wenn dein Geliebter pocht?
Blüht mir im Krug ein frischer Blumenstrauß,
brennt deines Glaubens Docht?
Weißt du, wie man den Freund bewirtet?
Bist du geschürzet und gegürtet?
Bist du bereit, mich bräutlich zu empfahn?
Ich klopfe an.

Ich klopfe an, klopft dir dein Herze mit
bei meiner Stimme Ton?
Schreckt dich der treusten Mutterliebe Tritt
wie fernen Donners Drohn?
O hör auf deines Herzens Pochen,
in deiner Brust hat Gott gesprochen:
Wach auf, der Morgen graut, bald kräht der Hahn,
ich klopfe an.

Ich klopfe an; sprich nicht: Es ist der Wind,
er rauscht im dürren Laub. –
Dein Heiland ists, dein Herr, dein Gott, mein Kind,
o stelle dich nicht taub;
jetzt komm ich noch im sanften Sausen,
doch bald vielleicht im Sturmesbrausen,
o glaub, es ist kein eitler Kinderwahn:
Ich klopfe an.

Ich klopfe an, jetzt bin ich noch dein Gast
und steh vor deiner Tür,
einst, Seele, wenn du hier kein Haus mehr hast,
dann klopfest du bei mir;
wer hier getan nach meinem Worte,
dem öffn' ich dort die Friedenspforte,
wer mich verstieß, dem wird nicht aufgetan.
Ich klopfe an.

Karl Gerok

ERNST MORITZ ARNDT
AN CHARLOTTE PISTORIUS

Bonn, den 5. des Christmonds 1831

Liebste Lotte

Es naht die schöne freudenvolle Zeit des heiligen Christfestes, und wir hören die Klänge, Fragen und Andeutungen jede Minute jetzt von irgendeinem Munde unsers halben Dutzends, indem einige Schelme, die durch das Wissen schon aus dem Paradiese gejagt sind, sich schon vorwitzige Anspielungen über die Geheimnisse des Weihnachtsabends erlauben, während die jüngsten drei mit weiten Augen und glühenden Wangen noch vollgläubig dahinein staunen. Wolle Gott Dir, liebe Seele, und allem was Dir zunächst lieb und treu ist, ein recht volles und frisches Weihnachtsherz bescheren und überhaupt einen frischen, gesunden Winter, der Euch wieder aufrichtet!...

Wir sind alle frisch und grüßen Dich sehr; auch Dein Patchen tut es, welches sich eben in gesunder Fülle in seinem Bettchen mit zierlich ausgebreiteten Armen dehnt! Ade! Ade! Alles Gute, Fröhliche und Göttliche!

Dein EM Arndt.

J. JOHNS

WENN DER SCHNEE ANS FENSTER FÄLLT

Wenn der Schnee ans Fenster fällt,
lang die Abendglocke läutet,
vielen ist der Tisch bereitet
und das Haus ist wohlbestellt.

Mancher auf der Wanderschaft
kommt ans Tor auf dunklen Pfaden.
Golden blüht der Baum der Gnaden
aus der Erde kühlem Saft.

Wanderer tritt still herein;
Schmerz versteinerte die Schwelle.
Da erglänzt in reiner Helle
auf dem Tische Brot und Wein.

Georg Trakl

DES FREMDEN KINDES HEILIGER CHRIST

Es läuft ein fremdes Kind
am Abend vor Weihnachten
durch eine Stadt geschwind,
die Lichter zu betrachten,
die angezündet sind.

Es steht vor jedem Haus
und sieht die hellen Räume,
die drinnen schaun heraus,
die lampenvollen Bäume;
weh wird's ihm überaus.

Das Kindlein weint und spricht:
»Ein jedes Kind hat heute
ein Bäumchen und ein Licht,
und hat dran seine Freude,
nur bloß ich armes nicht!

An der Geschwister Hand,
als ich daheim gesessen,
hat es mir auch gebrannt;
doch hier bin ich vergessen
in diesem fremden Land.

Läßt mich denn niemand ein
und gönnt mir auch ein Fleckchen?
In all' den Häuserreih'n,
ist denn für mich kein Eckchen,
und wär' es noch so klein?

Läßt mich denn niemand ein?
Ich will ja selbst nichts haben,
ich will ja nur am Schein
der fremden Weihnachtsgaben
mich laben ganz allein!«

Es klopft an Tür und Tor,
an Fenster und an Laden,
doch niemand tritt hervor,
das Kindlein einzuladen;
sie haben drin' kein Ohr.

Ein jeder Vater lenkt
den Sinn auf seine Kinder;
die Mutter sie beschenkt,
denkt sonst nichts mehr noch minder.
Ans Kindlein niemand denkt.

»O lieber, heil'ger Christ!
Nicht Mutter und nicht Vater
hab' ich, wenn du's nicht bist.
O sei du mein Berater,
weil man mich hier vergißt!«

Das Kindlein reibt die Hand,
sie ist von Frost erstarret;
es kriecht in sein Gewand
und in dem Gäßlein harret,
den Blick hinausgewandt.

Da kommt mit einem Licht
durchs Gäßlein hergewallet,
im weißen Kleide schlicht,
ein ander Kind; – wie schallet
es lieblich, da es spricht:

»Ich bin der heil'ge Christ,
war auch ein Kind vordessen,
wie du ein Kindlein bist.
Ich will dich nicht vergessen,
wenn alles dich vergißt.

Ich bin mit meinem Wort
bei allen gleichermaßen;
ich biete meinen Hort
so gut hier auf den Straßen,
wie in den Zimmern dort.

Ich will dir deinen Baum,
fremd' Kind, hier lassen schimmern
auf diesem offnen Raum
so schön, daß die in Zimmern
so schön sein sollen kaum.«

Da deutet mit der Hand
Christkindlein auf zum Himmel,
und droben leuchtend stand
ein Baum voll Sterngewimmel
vielästig ausgespannt.

So fern und doch so nah,
wie funkelten die Kerzen!
Wie ward dem Kindlein da,
dem fremden, still zu Herzen,
das seinen Christbaum sah!

Es ward ihm wie ein Traum;
da langten hergebogen
Englein herab vom Baum
zum Kindlein, das sie zogen
hinauf zum lichten Raum.

Das fremde Kindlein ist
zur Heimat nun gekehret,
bei seinem heil'gen Christ;
und was hier wird bescheret,
es dorten leicht vergißt.

Friedrich Rückert

DER WAHRE FRÜHLING

Zerronnen ist ein holder Traum,
die Blätter rieseln welk vom Baum,
vom Zweig sank Frucht auf Frucht.
Verstummt ist selbst der Lerche Lied,
kalt pfeift der Nordwind durch das Ried:
Das Jahr ist auf der Flucht.

Ob Wolke sich auf Wolke türmt,
und ob es friert und schneit und stürmt,
uns bringt die heil'ge Nacht
das Gnadenkind, mit dem allein
der Frühling kehrt im Herzen ein,
der ewig selig macht.

Julius Sturm

BESCHERUNG

Weihnacht ist da, die mit Blumen bestreut
jeden häuslichen Herd,
die so manches verlangende Herz erfreut,
und so Vieles beschert und so Vieles gewährt!
Doch das Schönste ist, was man sich selbst beschert.
Beschere dir stilles Genügen
in eig'ner Brust,
beschere dir der Entsagung Lust,
beschere dir Schwingen zu Flügen
unter dem himmlischen Sternenzelt,
beschere dir
den allgemeinsamen Schatz der Schöne der Welt,
und wenn an festlichen Tagen,
statt Glückes das Herz dir ein Leid beschwert,
beschere dir selbst – 's ist dir unverwehrt –
es mit Geduld zu ertragen.

Robert Hamerling

WEIHNACHTEN IN DER FREMDE

Weihnachtsabend kam heran. – Es war noch nachmittags, als Reinhard mit andern Studenten im Ratskeller am alten Eichentisch zusammensaß. Die Lampen an den Wänden waren angezündet, denn hier unten dämmerte es schon; aber die Gäste waren sparsam versammelt, die Kellner lehnten müßig an den Mauerpfeilern. In einem Winkel des Gewölbes saßen ein Geigenspieler und ein Zithermädchen mit feinen zigeunerhaften Zügen. Sie hatten ihre Instrumente auf dem Schoße liegen und schienen teilnahmslos vor sich hinzusehen.

Am Studententische knallte ein Champagnerpfropfen. »Trinke, mein böhmisch Liebchen!« rief ein junger Mann von junkerhaftem Äußern, indem er ein volles Glas zu dem Mädchen hinüberreichte.

»Ich mag nicht«, sagte sie, ohne ihre Stellung zu verändern.

»So singe!« rief der Junker und warf ihr eine Silbermünze in den Schoß. Das Mädchen strich sich langsam mit den Fingern durch ihr schwarzes Haar, während der Geigenspieler ihr ins Ohr flüsterte, aber sie warf den Kopf zurück und stützte das Kinn auf die Zither. »Für den spiel ich nicht«, sagte sie.

Reinhard sprang mit dem Glase in der Hand auf und stellte sich vor sie.

»Was willst du?« fragte sie trotzig.

»Deine Augen sehen.«

»Was gehen dich meine Augen an?«

Reinhard sah funkelnd auf sie nieder. »Ich weiß wohl, sie sind falsch!«

Sie legte ihre Wange in die flache Hand und sah ihn lauernd an.

Reinhard hob sein Glas an den Mund. »Auf deine schönen, sündhaften Augen!« sprach er und trank.

Sie lachte und warf den Kopf herum. »Gib!« sagte sie, und indem sie ihre schwarzen Augen in die seinen heftete, trank sie langsam den Rest. Dann griff sie einen Dreiklang und sang mit tiefer, leidenschaftlicher Stimme:

»Heute, nur heute / bin ich so schön;
morgen, ach morgen / muß alles vergehn!

Nur diese Stunde / bist du noch mein;
sterben, ach sterben / soll ich allein.«

Während der Geigenspieler im raschen Tempo das Nachspiel einsetzte, gesellte sich ein neuer Ankömmling zu der Gruppe.

»Ich wollte dich abholen, Reinhard«, sagte er. »Du warst schon fort; aber das Christkind war bei dir eingekehrt.«

»Das Christkind?« sagte Reinhard, »das kommt nicht mehr zu mir.«

»Ei was! dein ganzes Zimmer roch nach Tannenbaum und braunen Kuchen.«

Reinhard setzte das Glas aus der Hand und griff nach seiner Mütze.

»Was willst du?« fragte das Mädchen.

»Ich komme schon wieder.«

Sie runzelte die Stirn. »Bleib!« rief sie leise und sah ihn vertraulich an.

Reinhard zögerte. »Ich kann nicht«, sagte er.

Sie stieß ihn lachend mit der Fußspitze. »Geh!« sagte sie. »Du taugst nichts; ihr taugt alle miteinander nichts.« Und während sie sich abwandte, stieg Reinhard langsam die Kellertreppe hinauf.

Draußen auf der Straße war es tiefe Dämmerung; er fühlte die frische Winterluft an seiner heißen Stirn. Hie und da fiel der helle Schein eines brennenden Tannenbaums aus den Fenstern, dann und wann hörte man von drinnen das Geräusch von kleinen Pfeifen und Blechtrompeten und

dazwischen jubelnde Kinderstimmen. Scharen von Bettelkindern gingen von Haus zu Haus oder stiegen auf die Treppengeländer und suchten durch die Fenster einen Blick in die versagte Herrlichkeit zu gewinnen. Mitunter wurde auch eine Tür plötzlich aufgerissen, und scheltende Stimmen trieben einen ganzen Schwarm solcher kleinen Gäste aus dem hellen Hause auf die dunkle Gasse hinaus; anderswo wurde auf dem Hausflur ein altes Weihnachtslied gesungen; es waren klare Mädchenstimmen darunter. Reinhard hörte sie nicht, er ging rasch an allem vorüber, aus einer Straße in die andere. Als er an seine Wohnung gekommen, war es fast völlig dunkel geworden; er stolperte die Treppe hinauf und trat in seine Stube. Ein süßer Duft schlug ihm entgegen; das heimelte ihn an, das roch wie zu Haus der Mutter Weihnachtsstube. Mit zitternder Hand zündete er sein Licht an; da lag ein mächtiges Paket auf dem Tisch, und als er es öffnete, fielen die wohlbekannten braunen Festkuchen heraus; auf einigen waren die Anfangsbuchstaben seines Namens in Zucker ausgestreut; das konnte niemand anders als Elisabeth getan haben. Dann kam ein Päckchen mit feiner gestickter Wäsche zum Vorschein, Tücher und Manschetten, zuletzt Briefe von der Mutter und von Elisabeth.

Reinhard öffnete zuerst den letzteren; Elisabeth schrieb:

»Die schönen Zuckerbuchstaben können Dir wohl erzählen, wer bei den Kuchen mitgeholfen hat; dieselbe Person hat die Manschetten für Dich gestickt. Bei uns wird es nun Weihnachtabend sehr still werden; meine Mutter stellt immer schon um halb zehn ihr Spinnrad in die Ecke. Es ist gar so einsam diesen Winter, wo Du nicht hier bist. Nun ist auch vorigen Sonntag der Hänfling gestorben, den Du mir geschenkt hattest; ich habe sehr geweint, aber ich hab' ihn doch immer gut gewartet. Der sang sonst immer nachmittags, wenn die Sonne auf sein Bauer schien; Du weißt, die Mutter hing oft ein Tuch über, um ihn zu geschweigen, wenn er so recht aus Kräften sang. Da ist es nun noch stiller in der Kammer, nur daß Dein alter Freund Erich uns jetzt mitunter besucht. Du sagtest einmal, er sähe seinem braunen Überrock ähnlich. Daran muß ich immer denken, wenn er zur Tür hereinkommt, und es ist gar zu komisch; sag es aber nicht zur Mutter, sie wird dann leicht verdrießlich. – Rat, was ich Deiner Mutter zu Weihnachten schenke! Du rätst es nicht? Mich selber! Der Erich zeichnet mich in schwarzer Kreide; ich habe ihm schon dreimal sitzen müssen, jedesmal eine ganze Stunde. Es war mir recht zuwider, daß der fremde Mensch mein Gesicht so auswendig lernte. Ich wollte auch nicht, aber die Mutter redete mir zu; sie sagte, es würde der guten Frau Werner eine gar große Freude machen. Aber Du hältst nicht Wort, Reinhard. Du hast keine Märchen geschickt. Ich habe Dich oft bei Deiner Mutter verklagt; sie sagt dann immer, Du habest jetzt mehr zu tun als solche Kindereien. Ich glaub es aber nicht; es ist wohl anders.«

Nun las Reinhard auch den Brief seiner Mutter, und als er beide Briefe gelesen und langsam wieder zusammengefaltet und weggelegt hatte, überfiel ihn unerbittliches Heimweh. Er ging eine Zeitlang in seinem Zimmer auf und nieder; er sprach leise und dann halbverständlich zu sich selbst: »Er wäre fast verirret / und wußte nicht hinaus; / da stand das Kind am Wege / und winkte ihm nach Haus!«

Dann trat er an sein Pult, nahm einiges Geld heraus und ging wieder auf die Straße hinab. Hier war es mittlerweile stiller geworden, die Weihnachtsbäume waren ausgebrannt, die Umzüge der Kinder hatten aufgehört. Der Wind fegte durch die einsamen Straßen; Alte und Junge saßen in ihren Häusern familienweise zusammen; der zweite Abschnitt des Weihnachtsabends hatte begonnen.

Als Reinhard in die Nähe des Ratskellers kam, hörte er aus der Tiefe herauf Geigenstrich und den Gesang des Zithermädchens; nun klingelte unten die Kellertüre, und eine dunkle Gestalt schwankte die breite, matt erleuchtete Treppe herauf.

Reinhard trat in den Häuserschatten und ging dann rasch vorüber. Nach einer Weile erreichte er den erleuchteten Laden eines Juweliers; und nachdem er hier ein kleines Kreuz von roten Korallen eingehandelt hatte, ging er auf demselben Wege, den er gekommen war, wieder zurück. Nicht weit von seiner Wohnung bemerkte er ein kleines, in klägliche Lumpen gehülltes Mädchen an einer hohen Haustür stehen, in vergeblicher Bemühung, sie zu öffnen. »Soll ich dir helfen?« fragte er. Das Kind erwiderte nichts, ließ aber die schwere Türklinke fahren. Reinhard hatte schon die Tür geöffnet. »Nein!« sagte er, »sie könnten dich hinausjagen; komm mit mir! Ich will dir Weihnachtskuchen geben.« Dann machte er die Tür wieder zu und faßte das kleine Mädchen an der Hand, das stillschweigend mit ihm in seine Wohnung ging.

Er hatte das Licht beim Weggehen brennen lassen. »Hier hast du Kuchen«, sagte er, und gab ihr die Hälfte seines ganzen Schatzes in die Schürze, nur keine mit den Zuckerbuchstaben. »Nun geh nach Haus und gib deiner Mutter auch davon.«

Das Kind sah mit einem scheuen Blick zu ihm hinauf; es schien solcher Freundlichkeiten ungewohnt und nichts darauf erwidern zu können. Reinhard machte die Tür auf und leuchtete ihr, und nun flog die Kleine wie ein Vogel mit ihren Kuchen die Treppe hinab und zum Hause hinaus.

Reinhard schürte das Feuer in seinem Ofen an und stellte das bestaubte Tintenfaß auf seinen Tisch; dann setzte er sich hin und schrieb und schrieb die ganze Nacht Briefe an seine Mutter, an Elisabeth. Der Rest der Weihnachtskuchen lag unberührt neben ihm; aber die Manschetten von Elisabeth hatte er angeknüpft, was sich gar wunderlich zu seinem weißen Flausrock ausnahm. So saß er noch, als die Wintersonne auf die gefrorenen Fensterscheiben fiel und ihm gegenüber im Spiegel ein blasses, ernstes Gesicht zeigte.

Theodor Storm

WINTERLIED

Im Winter, wenn prächtig die schlummernden Lande
wie Spiegel erglänzen im Flockengewande,
dann lieb' ich die prangende Erde wie je,
und das blinkende Eis und den blendenden Schnee!

Auf ehernen Schuhen ins Weite zu schweben,
den Füßen die Schnelle des Falken zu geben,
und flink sich zu drehen im splitternden Kreis –
du herrliches Leben auf blinkendem Eis!

Und lustig zur Fahrt im beflügelten Schlitten
das herzige, rosige Liebchen zu bitten,
durch Wälder und Felder, zum blitzenden See –
du herrliches Leben auf blendendem Schnee!

Ernst Eckstein

L. R. 1873

KLING, GLÖCKCHEN, KLINGELINGELING

Kling, Glöckchen, klingelingeling,
kling, Glöckchen, kling!
Laßt mich ein, ihr Kinder,
ist so kalt der Winter,
öffnet mir die Türen,
laßt mich nicht erfrieren.
Kling, Glöckchen, klingelingeling,
kling, Glöckchen, kling!

Kling, Glöckchen, klingelingeling,
kling, Glöckchen, kling!
Mädchen, hört, und Bübchen,
macht mir auf das Stübchen,
bring euch viele Gaben,
sollt euch dran erlaben.
Kling, Glöckchen, klingelingeling,
kling, Glöckchen, kling.

Kling, Glöckchen, klingelingeling,
kling Glöckchen, kling!
Hell erglüh'n die Kerzen,
öffnet mir die Herzen;
will drin wohnen fröhlich,
frommes Kind, wie selig.
Kling, Glöckchen, klingelingeling,
kling, Glöckchen, kling.

Karl Enslin

NIKOLAUS LENAU
AN SOPHIE LÖWENTHAL
(mit einem Edelmardermuff)

Weihnachten 1836

Schöne Frau! die ich verehre,
wenn ich ein Naturgeist wäre,
würd ich heut zur Weihnachtsspende
für die vielgelobten
kunst- und fleißerprobten
blumenschöpferischen Hände
nicht das Fell des Marders geben;
nein! zum Schutz vor Frostesqualen
würde ich aus Frühlingssonnenstrahlen
einen Zaubermuff dir weben.

VOM HIMMEL HOCH, DA KOMM ICH HER

Vom Himmel hoch, da komm ich her,
ich bring euch gute neue Mär;
der guten Mär bring ich so viel,
davon ich singen und sagen will.

Euch ist ein Kindlein heut geborn,
von einer Jungfrau auserkorn,
ein Kindelein so zart und fein,
das soll euer Freud und Wonne sein.

Es ist der Herr Christ, unser Gott,
der will euch führn aus aller Not;
er will euer Heiland selber sein,
von allen Sünden machen rein.

Des laßt uns alle fröhlich sein
und mit den Hirten gehn hinein,
zu sehn, was Gott uns hat beschert,
mit seinem lieben Sohn verehrt.

Lob, Ehr sei Gott im höchsten Thron,
der uns schenkt seinen eingen Sohn.
Des freuet sich der Engel Schar
und singet uns solch neues Jahr.

Martin Luther

DER CHRISTBAUM

Jüngst sah ich einer Mutter treue Hand
des Christbaums dunkle Zweige sorgend schmücken:
Goldnüsse schwankten da an losem Band
und Blumen gab es, Naschwerk allerhand;
daneben Fruchtgewinde, goldne Brücken,
von Ast zu Ast einladend ausgespannt;
und zwischen Kerzlein, die sich rings erhoben,
Berittne, Lebkuchen, Mann und Tier
und Sterne aus buntfarbigem Papier,
mit Meisterhand geflochten und gewoben;
und zwei der letzten sah zuhöchst ich eben
umstrahlen goldig eines Engels Bild,
der niedersah, als ob er Wache hielt.

Und als nun abends Licht für Licht entbrannte
und Feenpracht den dunklen Baum verklärt'
und segnend jeder Brust der lang verbannte
harmlose Traum der Kindheit wiederkehrt',
da lag auch leuchtend rings auf allen Zügen
ein Sonnenstrahl von kindlichem Vergnügen.
Nur mich, mich wehte stille Wehmut an;
still träumend, starrt' ich in des Baumes Zweige;
und als ich, spät erwachend, mich besann,
da ging verglimmend schon die Pracht zur Neige
und Licht für Licht ward wieder ausgetan.

Zuerst die unten, die der Arm erreichte,
die höhren wurden bis zuletzt gespart;
und wie's nun unten immer dunkler ward,
da sah ich, daß der Flitter mir erbleichte.
Wo Glanz erst lag, da lag nun graue Nacht;
die Blumen lockten nicht mehr, sie zu pflücken,
versunken waren in des Dunkels Schacht
der üpp'gen Fruchtgewinde goldne Brücken;

und als das Löschhorn immer höher stieg
und nur den Wipfel Lichter noch umkränzten,
bis endlich aus der Dämmrung vollem Sieg
ganz oben die zwei Sterne nur mehr glänzten
und jener Engel, der dort Wache hielt;
da war es mir in meinem tiefsten Herzen,
der Christbaum mit den ausgelöschten Kerzen
bedeute mir des eignen Lebens Bild.

Ja, Jugend, dacht' ich, ja, dein goldner Schimmer
vergoldet rings um dich her Zeit und Raum;
selbst Frühling, blüht um dich auch Frühling immer
und jeder Tag ist wie ein Weihnachtsbaum.
Du weißt von jedem Zweig die Frucht zu pflücken;
denn nah steht jedes Ziel dem leichten Sinn;
und wenn auch eins unnahbar erst dir schien,
so baut die Hoffnung Regenbogenbrücken
und Sehnsucht trägt dich durch die Wolken hin.

Doch will der Jugend Zauber von dir weichen,
verglimmt dir im verwundeten Gemüt
der Himmelsfunken, der es hell durchglüht;
dann siehst du auch den Flitter mit erbleichen;
wo Glanz erst war, da liegt dann graue Nacht,
die Blumen locken nicht mehr, sie zu pflücken;
kein Hoffen wölbt dir ferne Nebelbrücken,
schwankst schwindelnd du an grauser Tiefen Schacht.
Und immer dunkler wird's, die Lüfte schwerer;
je mehr dein Fuß der Lebensstufen stieg,
umrauschen dich die Zweige leer und leerer.
Beglückt, wenn in des Dunkels vollem Sieg
noch leuchtend aus des Wipfels kahlen Ästen
die letzten Zierden, aber auch die besten,
wie mir herunterschauen traut und mild:
zwei lichte Sterne und ein Engelbild.

Friedrich Halm

DAS GEHEIMNIS DER MISCHUNG

Während draußen vor den Fenstern die Menschen in schwarzem Gedränge sich vorüberschoben, als wäre die ganze Stadt in Bewegung und Aufruhr, lagerte die Stimmung schläfriger Langweile innerhalb der grell erleuchteten Mauern eines geräumigen Kaffeehauses. Nur zwei von den wenigen Gästen schienen diese Stimmung nicht zu teilen. Sie saßen in einer Ecke des weiten Saales an einem kleinen Tisch. Der eine von ihnen, der in seinem Äußern den vermöglichen Mann verriet, trug schon das Grau des Alters über der hohen Stirne. Ruhiger Ernst war der Ausdruck seines glattrasierten Gesichtes und seine stahlgrauen Augen hafteten mit gespannt forschenden Blicken auf den heftig erregten, wie in Fieberröte brennenden Zügen seines Gegenübers. Das war ein Mann von etwa fünfunddreißig Jahren, eine stramme, kräftig entwickelte Gestalt. Ein weiches Gemüt und die feste Entschlossenheit des erprobten Arbeiters sprachen in seltsamer Mischung aus seinem Gesichte, das von braunen, struppigen Haaren umrahmt war. So saßen sich die beiden wortlos gegenüber.

Endlich brach der Ältere das Schweigen: »Nun, Herr Schaller? Wissen Sie denn gar keine Antwort zu finden?« Wie erschrocken fuhr der Angeredete mit dem Kopf in die Höhe. »Nein, nein und nein! Ich tu's nicht – und wenn Sie mir eine Million anbieten – ich tu's nicht! Das war mein erstes Wort, und das ist auch mein letztes!« »So seien Sie doch vernünftig, Schaller, und – sprechen Sie ein wenig leiser. Ich streite ja nicht gegen Ihre Gewissenhaftigkeit – im Gegenteil, sie gefällt mir –; aber praktisch sein, ist auch eine schöne Sache. Und übrigens, ich will ja nicht verlangen, daß Sie mir das Geheimnis geradeswegs verkaufen sollen. Gott bewahre! Mir ist es nicht um das zu tun, was Sie seit acht Tagen wissen, sondern um Sie selbst, lieber Schaller. Sie sind ein kluger Kopf und ein besonders tüchtiger Arbeiter. Solche Leute kann ich brauchen in meiner Fabrik; sie sind mir Gold wert. Seien Sie vernünftig, kommen Sie zu mir, ich biete Ihnen die Inspektorstelle in meiner Fabrik an. Ich gebe Ihnen das Doppelte von dem, was

Sie bei Seydelmann & Komp. beziehen, und mache mit Ihnen einen zehnjährigen Vertrag, mit jährlich steigendem Gehalt.«

Auf dem Gesichte des jungen Mannes wechselte Röte mit Blässe. Er mußte jedes dieser langsam und eindringlich gesprochenen Worte vernommen haben und dennoch hingen seine Blicke wie geistesverloren an den drei elfenbeinernen Kugeln, die auf dem nächsten Billardtisch inmitten des grünen Tuches lagen. Und da kam es ihm vor, als wären die beiden weißen Kugeln die zarten, lieben Gesichter seiner zwei kleinen Mädchen, und die rote Kugel erschien ihm wie das gesunde, pausbäckige Gesicht seines herzliebsten Buben. Und diese drei Gesichter schauten ihn an mit großen, ängstlichen Augen und diese Augen schienen zu sprechen: »Vater, um Gottes willen, Vater, laß dir nur ja nichts einreden von dem schlechten Kerl! Schau, was hättst denn davon, wenn du einen Haufen Geld im Kasten liegen hättest und könntest deinen Kindern und der Mutter nimmer gerad in die Augen schauen! Laß dir nichts einreden, Vater!« Mit einem jähen Ruck sprang der junge Mann von seinem Stuhl empor, streckte das zorngerötete Gesicht mit den blitzenden Augen weit über den Tisch und stammelte mit heiserer Stimme: »Und das Weitere, meinen Sie, das wird sich dann schon finden? Wenn Sie mich erst einmal auf zehn Jahre in Ihren Händen hätten, dann könnten Sie mich schon so lange kneten und bearbeiten, daß mir schließlich nichts andres übrig bliebe, als ein Schuft zu werden und Ihnen das Fabrikationsgeheimnis meines jetzigen Herrn zu verraten.«

Zornig packte er seinen Hut, stülpte ihn über die gesträubten Haare, stapfte mit langen Schritten davon und schoß zur Türe hinaus. Die Augen auf das beschneite Pflaster gesenkt, so stürmte er heimwärts. Bilder der Erinnerung huschten an seiner Seele vorüber. Er dachte an die Lehrlingszeit zurück, die er in einem chemischen Laboratorium durchgemacht hatte, und an die ersten Gesellenjahre, die er weit von der Heimat in einem großen Glaswerk verbracht. Dann war er heimgekommen und hatte in der Seydelmannschen Majolikafabrik eine sichere Stelle gefunden. Der gute Herrgott hatte ihm ein liebes Weib und gesunde lustige Kinder beschert – ja, was wollte er denn noch mehr? Ein wenig knapp ging es freilich her zu Hause; aber wenn da nun auch ein paar kleine Rückstände bei den unentbehrlichen Handwerksleuten nicht zu vermeiden waren – er hatte ja nur eine kurze Woche noch auf den Neujahrstag zu warten, an welchem Herr Seydelmann für den Glückwunsch jedes Beamten und Arbeiters mit einem ganzen Monatsgehalte zu danken pflegte. Und diesen Herrn, der ihm erst

vor acht Tagen den größten Beweis seines Vertrauens gegeben hatte, den hätte er verraten und verkaufen sollen? Bei diesem Gedanken warf Schaller die geballten Fäuste so zornig in die Höhe, daß ein altes Mütterlein, welches ihm gerade entgegenkam, sich erschrocken vom Fußsteig auf die offene Straße flüchtete.

Bald erreichte er sein Heim, weit draußen in einer stillen Vorstadtgasse. Mit hurtigen Sprüngen eilte er die vier engen, steilen Treppen hinauf. Seine schmucke, blonde Frau empfing ihn. »Grüß dich Gott, Robert!« sagte sie und schaute ihn von der Seite an; denn sie las es ihm gleich vom Gesicht, daß irgend etwas nicht in der Ordnung war. Diese Wahrnehmung aber verschwieg sie ihm. Sie faßte seinen Arm und zog ihn gegen die Stube. »Komm nur, kannst mir gleich die Kerzen aufstecken helfen. Die Kinder wollen schier nimmer warten. Sie schreien wie die Wilden, und der armen Großmutter haben sie schon alle Falten vom Rock heruntergerissen.«

Sie traten in das Zimmer, welches, von einer Hängelampe erhellt, trotz seiner dürftigen Ausstattung einen behaglichen, freundlichen Eindruck machte. Der Tisch war schon zum Abendessen gedeckt und seitwärts, auf einem niederen Kasten, stand der kleine, nicht allzu schwer behängte Christbaum, unter welchem die kärglichen Weihnachtsgaben für die Großmutter und die Kinder ausgebreitet waren. Sie redeten eine Weile über diese Sachen und Sächelchen hin und her; dann begannen sie die Kerzen aufzustecken, während aus dem anstoßenden Zimmer der übermütige Jubel der drei »Wilden« sich hören ließ.

»Robert, mir kommt's vor, als hättest heut einen Verdruß gehabt?« fragte nach einer Weile die junge Frau. »Gott bewahr!« brummte er und schüttelte den Kopf. Sie fragte nicht weiter, denn sie kannte ihn – und da kam's denn nach kurzen Minuten von selbst aus ihm heraus, diese Kaffeehausgeschichte. »Heute nachmittag, gerad wie ich aus der Fabrik hab' fort wollen, hat mir einer einen Brief geschickt, ich soll zu ihm ins Kaffeehaus kommen, weil er mir eine wichtige Mitteilung zu machen hätt'.«

»Und bist hingegangen?«

Natürlich war er hingegangen und hatte dort jenen vornehmen Herrn gefunden, der sich ihm als Besitzer einer großen Porzellanfabrik genannt hatte. Da war es nun bald aufgekommen, daß Schaller eine wichtige Mitteilung nicht empfangen, sondern geben, verkaufen sollte. Die Fabrik, in der er arbeitete, lieferte neben andern einschlägigen Waren eine gewisse Majolikasorte, welche den reißenden Absatz, den sie gefunden, der tadellosen

Schönheit und dem unvergleichlichen Schmelz ihrer Farben verdankte. Viele Fabriken hatten es versucht, den gangbaren Artikel nachzumachen; aber wenn auch die zur Erzeugung dieser Schmelzfarben nötigen Stoffe bekannt waren, so vermochte doch keiner der Nachahmer die richtige Mischung zu treffen. Diese war das wohlbewahrte Geheimnis der Seydelmannschen Fabrik geblieben; denn außer dem Besitzer der Fabrik kannte dieses Geheimnis nur noch ein einziger alter Arbeiter, der in einem ver-

schlossenen Raume die Mischungen vornahm. Dieser Arbeiter war nun vor acht Tagen einer jähen Krankheit erlegen und Robert Schaller war an seine Stelle getreten

»Und wie mir damals am vorigen Samstag der Herr alles gesagt hat, was ich zu meiner neuen Arbeit hab' wissen müssen, hat er kein Versprechen, kein Wort und keinen Schwur von mir verlangt. ›Sie sind ein braver, tüchtiger Mensch, ich habe Vertrauen zu Ihnen und ich weiß, daß Sie meine gute Meinung nicht täuschen werden.‹ Das war alles, was er gesagt hat. Kaum acht Tage sind's her, seit ich von der Schmelzerei ins Laboratorium gekommen bin; und jetzt hat sich heut schon der Kerl da an mich angehaftelt und hat gemeint, er braucht' nur seine Brieftasch' aufzumachen, daß ich meine Ehr' hineinfallen lass' zwischen seine Hundertguldenzettel.«

Aufatmend schwieg er. Seine junge Frau erwiderte kein Wort. Sie stand auf einem Stuhl und klebte die bunten Kerzlein auf die obersten Zweige des Baumes. Dabei zitterten ihre Hände und nach einer stummen Weile fuhr es ihr plötzlich heraus: »Robert! Wenn du zu einer solchen Schlechtigkeit hätt'st ja sagen können, ich glaub', da wär's aus gewesen mit meiner Lieb.« Er nickte nur, als hätte sie etwas Selbstverständliches gesagt.

Nun sprang sie vom Stuhl und die Kerzen wurden angezündet. Robert öffnete die verschlossene Türe, der Großmutter voran stürmten die drei »Wilden« herein und lachende, jauchzende Freude füllte die Stube, die vor wenigen Minuten noch so ernste Worte gehört. Als sich der erste Jubel der Kinder ein wenig gelegt hatte, kam mit der Bescherung die Reihe an den Vater. Mit lächelnder Zufriedenheit betrachtete er eine nach der andern von den zwölf brettdicken Socken, welche die Großmutter ihm gestrickt hatte, eines nach dem andern von den sechs rot eingestickten, sorgfältig gesäumten Taschentüchern, die ihm seine Frau beschert hatte. Dann kam aber erst die Hauptsache – die Vorführung der »in Freiheit dressierten Wilden«. Die siebenjährige Elise brachte ein Paar gestickte Schuhe und deklamierte dazu eine Pantoffelhymne, als deren Dichterin sich mit verlegenem Erröten die Großmutter bekannte:

»Lieber Vater, diese Schuh
trag in Gesundheit und Ruh;
die Kindeslieb, wo mein Herz beglückt,
hab ich drinnen hineingestickt.
Drum, wenn sie dir warm halten die Füß,
denk an deine Tochter Elis'!«

Diese Verse haperten zwar, aber sie kamen von Herzen. Dann rückte die dreijährige Marie an. Sie konnte nur mit einem Vaterunser aufwarten. Der fünfjährige Fritz hinwieder hatte sich statt auf die Religion auf die Kunst verlegt. Mit seinem piepsenden Stimmlein sang der kleine Käsehoch ein Lied herunter.

»Kinder! Kinder! her zu mir!« schrie der junge Vater. Mit beiden Armen faßte er die drei Knirpse zusammen, und während er sie so eng an seine Brust drückte, daß sie lange Gesichter schnitten, schaute er, über ihre Blondköpfe hinweg, ins Leere und stammelte: »Der – der soll mir kommen – und soll mir so eine Freud verderben wollen – so eine Freud!«

Da klang von draußen ein schrillender Glockenton in die Stube. Frau Schaller schaute ihren Mann erschrocken an – weshalb sie erschrak, das wußte sie selbst nicht –; dann ging sie, um die Tür zu öffnen. Zwei Dienstmänner brachten einen großen Korb und schleppten ihn in die Stube. Von wem er wäre, wußten sie nicht; ein vornehmer Herr hätte sie geschickt und ließe ausrichten, daß er selbst nachkäme.

Mit zitternden Händen schlug Frau Schaller den Deckel des Korbes in die Höhe; und was da zum Vorschein kam, entlockte den drei Kindermäulchen ein staunendes, jubelndes Ah! Spielsachen, Backwerk, Kleiderstoffe, das wollte fast kein Ende nehmen; und ganz zu unterst wurde ein kleines, zierlich beschlagenes Kästchen ausgegraben, das sich bis zum Rand angefüllt zeigte mit blitzblanken Silbergulden. Erblaßt bis in die Lippen, schaute Frau Schaller zu ihrem Mann auf; der aber streckte schon, das Gesicht von dunkler Zornröte übergossen, die beiden Hände, packte das Kästchen und

warf es in den Korb zurück, daß die Münzen klirrend in die Höhe sprangen. »Fort – fort mit dem Geld, sag' ich – und die Hände von dem Zeug, Kinder, die Händ' weg!« schrie er mit bebender Stimme. »Der Lump – weil er's auf geradem Weg nicht fertiggebracht hat – jetzt meint er, er kann mich von hinten packen! Mitnehmen sollen sie's wieder – auf der Stell!«

Er eilte in den Flur hinaus, um die beiden Dienstmänner zurückzurufen. Draußen aber stand er wie versteinert und brachte kein Wort über die Lippen. Unter der offenen Wohnungstüre stand sein Chef, Herr Seydelmann, eine stattliche Erscheinung von bürgerlich-behäbigem Aussehen. »Guten Abend, lieber Schaller!« »Sie – Herr Seydelmann – Sie kommen – zu mir?» »Wie Sie sehen. Und – wissen Sie auch, was ich möchte?« lächelte der alte Herr. »Ich möchte Sie fragen, wie Ihnen heute nachmittag der Kaffee geschmeckt hat.«

Dem jungen Manne fielen die Lippen auseinander und mit zitterndem Arme tastete er nach der nahen Mauer. Wie ein grauer Schleier kam's ihm vor die Augen, er sah nichts mehr, er fühlte nur, wie ihm sein Chef die Hand auf die Schulter legte, und hörte ihn mit leiser, ernster Stimme sagen: »Sie haben ein Recht, lieber Schaller, diese Geschichte von heute nachmittag eine Beleidigung zu nennen; und ich komme auch, um Ihnen Abbitte zu leisten. Ich hatte Vertrauen zu Ihnen – als Mensch. Aber ich bin auch Geschäftsmann und als solcher muß ich mich von der Richtigkeit meiner Meinung überzeugen. Der Herr, welcher Sie heute ins Kaffeehaus gerufen hat, ist mein Schwager gewesen. Und weil er in meinem Auftrag handelte, müssen Sie auch das Anerbieten, das er Ihnen machte, als von mir gemacht betrachten. Von Neujahr an verdopple ich Ihre Bezüge und biete Ihnen einen zehnjährigen Vertrag mit steigendem Gehalte. Wenn Sie dann übermorgen wieder die Fabrik besuchen, darf und will ich Ihnen auch das Geheimnis der *richtigen* Mischung anvertrauen. Und jetzt kommen Sie – jetzt will ich Ihre Frau und Ihre Kinder kennenlernen!«

Da löste sich der Bann, der über dem jungen Mann lag, und mit einem von Tränen erstickten Aufschrei stürzte er seinem Chef voran in die Stube. Ein süßer, harziger Duft quoll ihm entgegen. Ein Zweig des Christbaums, auf welchem noch immer die Kerzen brannten, hatte Feuer gefangen.

Ludwig Ganghofer

DAS CHRISTKIND

Die Nacht vor dem Heiligen Abend,
da liegen die Kinder im Traum;
sie träumen von schönen Sachen
und von dem Weihnachtsbaum.

Und während sie schlafen und träumen,
wird es am Himmel klar,
und durch den Himmel fliegen
drei Engel wunderbar.

Sie tragen ein holdes Kindlein,
das ist der Heil'ge Christ;
es ist so fromm und freundlich,
wie keins auf Erden ist.

Und wie es durch den Himmel
still über die Häuser fliegt,
schaut es in jedes Bettchen,
wo nur ein Kindlein liegt.

Und freut sich über alle,
die fromm und freundlich sind;
denn solche liebt von Herzen
das liebe Himmelskind

Wird sie auch reich bedenken
mit Lust aufs allerbest'
und wird sie schön beschenken
zum lieben Wiehnachtsfest.

Heut schlafen noch die Kinder
und sehn es nur im Traum,
doch morgen tanzen und springen
sie um den Weihnachtsbaum.

Robert Reinick

DIE ENGELSWIESE

Es hat sich halt eröffnet das himmlische Tor.
Die Engele, die kugelet ganz haufeweis hervor.
Die Bubele, die Madele, die schlagen Putzigagele,
bald rauf und bald runter, bald hin und bald her,
bald übersche, bald abersche, das freut sie alle sehr.

Die Engele im Himmel, die hent's ja gar net schwer,
die hent so kleine Flügel und fliegen hin und her.
Die Bubele, die Madele, die schlagen Putzigagele,
bald rauf und bald runter, bald hin und bald her,
bald übersche, bald abersche, das freut sie alle sehr.

Die Engele im Himmel, die singet wunderschön,
daß Sonne, Mond und Sterne verwundert stille steh'n.
Die Bubele, die Madele, die schlagen Putzigagele,
bald rauf und bald runter, bald hin und bald her,
bald übersche, bald abersche, das freut sie alle sehr.

Drum halten wir fein still und sagen kein Wort,
sonst laufet uns die Engele glei' alle wieder fort.
Die Bubele, die Madele, die schlagen Putzigagele,
bald rauf und bald runter, bald hin und bald her,
bald übersche, bald abersche, das freut sie alle sehr.

Kommt eine arme Seele wohl vor die Himmelstür,
da springet glei die Engele ganz haufeweis zu ihr.
Die Bubele, die Madele, die schlagen Putzigagele,
bald rauf und bald runter, bald hin und bald her,
bald übersche, bald abersche, das freut sie alle sehr.

Schwäbisches Volkslied

ROBERT SCHUMANN
AN SEINE BRAUT KLARA WIECK

Gott grüß Dich, mein herziges Mädchen. – Hier hast Du mein Angebinde zum Heiligen Christ. Du, meine Liebe, meine traute Gefährtin, mein holdes, zukünftiges Weib, wenn ich nun in zwei Jahren am Heiligen Christ die Türe aufmache und Dir alles zeigen werde, was ich Dir geschenkt, eine Haube, vieles Spielzeug, neue Kompositionen, dann wirst Du mir noch ganz anders um den Hals fallen und einmal über das andere ausrufen: »Wie hübsch, wer einen Mann und vorzüglich wie Dich hat!« Und ich werde dann Deiner Freude gar keinen Halt tun können und Du wirst mich dann in Dein Zimmer führen, wo Du aufgeputzt und beschert hast... das Glück! Dann werden wir immer stiller, der Christbaum brennt immer schwächer und Küsse sind unser Gebet, daß es immer so bleiben möchte...

SCHLAF EIN, MEIN KIND!

Schlaf ein, mein süßes Kind,
da draußen singt der Wind.
Er singt die ganze Welt in Ruh,
deckt sie mit weißen Betten zu.
Und bläst er ihr auch ins Gesicht,
sie rührt sich nicht und regt sich nicht,
tut auch kein Händlein strecken
aus ihren weichen Decken.

Schlaf ein, mein süßes Kind,
da draußen weht der Wind;
er rüttelt an dem Tannenbaum,
da fliegt heraus ein schöner Traum;
der fliegt durch Schnee und Nacht und Wind
geschwind, geschwind zum lieben Kind
und singt von lust'gen Dingen,
die 's Christkind ihm wird bringen.

Robert Reinick

DIE GESCHWISTER

Heinrich Köhler ging langsamen Schrittes durch die verschneiten Straßen der Stadt. Er brauchte sich nicht beeilen, wartete doch daheim niemand auf ihn. Aber eben deshalb liebte er es, gerade zur Weihnachtszeit dahinzuschlendern, das Gewühl der Menschen zu betrachten, die so hastig, als gälte es ein Wettrennen, die Gassen entlang liefen, jeder mit einem Einkaufspäckchen beladen. Während Heinrich hin und wieder vor einem der hell beleuchteten Schaufenster stehen blieb, dachte er daran, daß es im Grunde genommen jedes Jahr dasselbe Hasten und Drängen sei: glückliche Gesichter, aus denen die Geberfreude leuchtete, Tannen- oder Fichtenbäumchen, die, wenn sie vorübergetragen wurden, jenen wundersamen Duft zurückließen, der an den Wald mit all seinen reichen Schönheiten erinnert, jauchzende Kinder und über dem ganzen geschäftigen Treiben der Märchenzauber des Weihnachtsfestes.

So war es gewesen, seit Heinrich denken konnte. Auch damals, vor vielen, vielen Jahren, als er selbst noch in den Kinderschuhen steckte, er und auch sein Schwesterchen, die kleine Grete.

O, er konnte sich jener Zeit nur zu gut entsinnen. Wie sie beide schon Wochen vorher von nichts anderem als vom Christkind gesprochen hatten, wie sie die Tage und die Stunden bis zum heiligen Abend zählten! Und wie sie dann danach das Christfest und die Feiertage so schön verbrachten.

Heinrich entstammte keinem vornehmen Hause. Ein schlichter Handwerker war sein Vater gewesen und oft hatten Kummer und Sorge des Hauses Schwelle betreten – aber doch hatte es am Weihnachtsabend immer ein kleines Bäumchen gegeben, mit freudigen Lichtern erhellt, mit Äpfeln, goldenen Nüssen und süßem Backwerk behangen. Unter dem Baume waren die Gaben ausgebreitet, kleine Geschenke: ein Bilderbuch, eine Schachtel Zinnsoldaten; ein warmes Halstuch für ihn, Strümpfe und Haarbänder für Grete. Und welch ein Jubel über all diese Geschenke, die, so gering sie waren, von der Liebe der Eltern zeigten! Schöner, inniger konnte das Christfest nicht gefeiert werden als im Stübchen des Goldarbeiters Köhler.

Wo waren jene Zeiten? Dahin... Die Eltern schliefen draußen auf dem Friedhofe, die Schwester... Heinrich Köhler biß die Lippen fest aufeinander – nicht daran denken, war das beste! Aber die Erinnerungen der Jugend lassen sich nicht so ohneweiters verscheuchen. Er sah die in voller Jugendschöne erblühte Schwester vor sich, die ihm nach der Eltern Tod das Hauswesen geführt hatte. Sie war ein kluges Mädchen gewesen, die Grete; aber ach! damals hatte ihre Klugheit sie im Stiche gelassen, als der reiche Hausherrnssohn sich um sie bewarb und sie ihm rasch ihr Jawort gab, trotz Heinrichs Warnung und Einspruch.

»Was du nur gegen ihn hast? Du kannst ihn nicht leiden, weil er nicht solch ein langweiliger Patron ist wie du«, hatte sie ihm zugerufen. »Soll ich da bei euch versauern, bis ich alt geworden bin? Oder vielleicht einen Beamten oder gar einen Handwerker heiraten und Kummer und Elend in den Kauf nehmen dazu? Wo ich's jetzt so gut haben kann! Soll ich das Glück an mir vorübergehn lassen?«

»Wenn's nur auch dein Glück ist«, war des Bruders Antwort, »den Fritz kenn' ich, er ist ein eigennütziger Mensch, glaub' mir! Dein Gsichtl gfallt ihm – aber auf wie lange? Er ist ein Spieler und ein Trinker.«

»Aus dir spricht der Neid!« Das waren die Worte, die Heinrich nicht vergessen konnte! Er hatte endlich geschwiegen, hatte sie gewähren lassen. Nein, sie sollte nicht glauben, daß er ihr den Reichtum neidete. Es ward eine prunkvolle Hochzeit gehalten, eine Hochzeit, von der sie in der Nachbarschaft noch lange redeten; ihm aber war zumute, als habe er die Gefährtin seiner Kindheit für immer verloren. Und doch gewann er es über sich, sie nach Jahresfrist zu besuchen, einmal und nicht wieder. Der aufdringlich zur Schau getragene Reichtum beengte ihn; zudem fühlte er, daß Grete sich seiner schämte, merkte deutlich genug, wie herablassend sein Schwager ihn behandelte. –

Zehn Jahre waren seither verflossen, zehn lange Jahre, in denen Heinrich nichts mehr von Grete hörte. Ihm hatte seither das Glück gelächelt; seinem rastlosen Fleiße gelang es, selbst ein kleines Geschäft eröffnen zu können, das seine Mühe lohnte und ihn vor Not und Sorge schützte.

Ob Grete wohl manchmal an ihn dachte? Heute, am heiligen Abend mochte es bei ihr festlich zugehen; denn da waren gewiß eine Menge Gäste eingeladen. Er hingegen mußte seinen Christabend einsam in seinem Zimmer verbringen, er hatte niemand, der ihm einen Tannenbaum schmückte, und kannte auch niemand, dem er diese Freude bereiten durfte.

Da überkam ihn plötzlich so etwas wie Trotz: weshalb sollte nicht auch er sich einmal einen Baum gönnen? Warum nicht auch den Christabend feiern und seinen Abendtisch reich bestellen wie die andern? Er konnte sich's ja leisten – er war doch kein armer Handlanger mehr!

Seinen Rockkragen in die Höhe schlagend, denn das Schneetreiben war stärker geworden, beschleunigte er seine Schritte und betrat eines der Feinkostgeschäfte. Dann ging's zum Zuckerbäcker; mit zwei großen Paketen beladen, trat er den Heimweg an. Da fiel ihm ein: der Baum fehlte ja noch. Freilich, der mußte noch her! Heinrich brauchte nicht lange zu suchen, auf dem freien Platze vor der Kirche stand ein ganzer Wald von Christbäumen. Heinrich wählte eine hübsch gewachsene Tanne aus und sah sich suchend nach einem Knaben um, der ihm den Baum nach Hause tragen sollte.

Ein paar halbwüchsige Buben lungerten da herum; und schon wollte Köhler einen von ihnen herbeirufen, als sein Blick auf einen abseits stehenden Knaben fiel, dessen dunkle Augen ihn gar flehentlich ansahen. Diese Augen, groß und von langen Wimpern überschattet, erinnerten ihn an irgend jemand. – Rasch entschlossen ging er auf den Kleinen zu: »Willst mir den Baum tragen?« »O ja, gern!« war des Knaben Antwort und schon hatte der Junge die Tanne auf seine Schulter geladen. »Ein hübsches Kind«, dachte Heinrich, »aber ärmlich und blaß – er muß Not leiden! Wie heißt' denn?« fragte er. »Heinrich«, entgegnete der Kleine. »Sieh doch, genau so wie ich«, lächelte Köhler, »wohnst du weit von hier?« – »Im achten Bezirk.«

Der Bub nannte eine kleine Gasse. »Da wirst einen weiten Heimweg haben«, meinte Heinrich Köhler, »und das Christkind wird mit der Bescherung auf dich warten müssen?« Der Knabe lächelte traurig. »Zu uns kommt heuer das Christkind nicht! Die Mutter ist krank –« »Und dein Vater?«

»Er ist seit fünf Jahren tot. Wie er noch gelebt hat, da ist es uns besser gegangen. Wir sind reich gewesen, sagen die Leute, und haben ein eigenes Haus gehabt – aber wir haben alles verloren. Dann ist der Vater gestorben und sie haben uns alles weggenommen. Die Mutter geht ins Waschen und näht für die Leute... Und jetzt ist sie selber krank. So muß ich schaun, daß ich auch etwas verdienen kann. Ein Schwesterl hab ich auch noch, die Gretl! Die ist aber noch zu klein zum Verdienen.«

Dem Manne an des Knaben Seite wurde seltsam zu Mute. Heinrich und Gretl? Ein tiefes Mitleid mit den armen Kindern erfaßte ihn beim Klang der beiden Namen. ›Wart, ihr sollt auch euren Christabend haben‹, sagte er sich. War's nicht wie ein Fingerzeig Gottes, daß er soviel Eßwaren und Näscherei eingekauft hatte? Die sollten den Kleinen zugute kommen! Ein paar Spielsachen kaufte er noch, während der Bub mit der Tanne vor dem Geschäft wartete. »Jetzt paß auf, Kleiner«, sagte er zu ihm, »wir gehen jetzt heim – nicht in meine Wohnung, sondern zu deiner Mutter!« Der Knabe sah ihn verwundert an; zu fragen wagte er nicht.

Ein altergraues, armseliges Haus war's, das sie betraten, mit einer bröckeligen Wendelstiege. Im Flur roch es abscheulich nach Petroleum und angebrannter Milch. Heinrich Köhler dachte schaudernd: »Armes Kind – in einem solchen Hause wohnen zu müssen, wo das ganze Jahr über kein Sonnenstrahl hereindringt!« Vorsichtig tappte er sich durch die Dunkelheit über die schlechte Stiege. Nun standen sie vor der Tür. Das kleine Lämpchen, das gegenüber an der Wand hing, warf sein trübes Licht auf die schmutzige Besuchskarte, die mit Reißnägeln an der Tür befestigt war. Einen Blick warf Heinrich darauf – und die Pakete entfielen seinen zitternden Händen: es war der Name seiner Schwester, der da stand. Der Knabe starrte verdutzt, erschrocken auf das erblaßte Gesicht seines Begleiters; er stellte den Baum hin, hob die Pakete auf und reichte sie dem Fremden. Und sie traten ein.

War das Grete, die schöne, stolze Grete, die dort im Bette lag? Nein, nein, es war ein Trugbild; nimmermehr konnte die ergraute, abgehärmte Frau, in

O.W.sc.

dürftige Laken gekleidet, seine Schwester sein! Bei des fremden Mannes Kommen hatte sie sich aufgerichtet – weit geöffnet, starrten ihn ihre Augen an. – Da, plötzlich entrang sich ein Schrei ihren Lippen: »Heinrich!« »Grete, arme Grete!« Er war an ihrem Bette niedergesunken und hielt sie umfaßt, während Tränen sein Gesicht überströmten.

Der Knabe hatte den Baum niedergestellt und sah verständnislos auf die beiden, während das kleine Mädchen, das am Boden kauerte, ängstlich zu weinen anfing. Das brachte Heinrich zur Besinnung. »Später, später«, stammelte er, der Schwester das Reden verwehrend, »erst wollen wir an die Kinder denken! Flink, Heini, putz den Baum auf, dann hol mir die Hausbesorgerin, sie soll Holz herbeischaffen... so, wart, ich helfe dir!«

Die Kranke im Bette sah wie verklärt dem Manne zu, der den Baum schmückte und dann die mitgebrachten Sachen auspackte. Klein-Gretls Augen wurden immer größer beim Anblick der Herrlichkeiten. Eine Viertelstunde später prasselte wohliges Feuer im Ofen und frohes Kindergeplauder erfüllte das Zimmer.

Heinrich saß neben seiner Schwester Bett und hielt ihre Hand in der seinen. Grete erzählte, oft und oft von Schluchzen unterbrochen, ihr Schicksal, berichtete von dem Elend, das über sie gekommen, seit ihr Mann tot war. »Hätte ich dir nur damals gefolgt«, schloß sie, »aber die Eitelkeit hatte mich verblendet... nun muß ich dafür büßen!«

»Nichts mehr davon!« Er strich zärtlich über ihre ergrauten Haare, »ein neues Leben soll für euch beginnen und – will's Gott, ein glückliches! Ihr kommt zu mir! Du, Schwester, führst mir die Wirtschaft und den Heini nehme ich später einmal ins Geschäft! Wenn er Freude daran hat und tüchtig ist, kann er's übernehmen!«

Sie haschte nach Heinrichs Hand und drückte, ehe er's verhindern konnte, einen Kuß darauf. »Du guter, guter Mensch, wie kann ich dir's danken! Meinst du nicht, daß jetzt unsere Eltern von dort oben auf uns herabschauen?« »Gewiß tun sie es«, flüsterte ergriffen der Bruder.

Frohen Herzens blickten die Geschwister auf die Kinder, die freudestrahlend bei ihren Geschenken weilten. Hell brannten die Kerzen; ihr Licht und des Baumes erquickender Harzgeruch erfüllten das Zimmer.

Draußen über den weißbedeckten Dächern glitzerten die Sterne der Weihnacht und leise, leise klang es hernieder: »Friede den Menschen auf Erden...«

Karl Gebhardt

IHR HIRTEN, ERWACHT!

Ihr Hirten, erwacht!
Seid munter und lacht!
Die Engel sich schwingen
vom Himmel und singen:
»Die Freude ist nah;
der Heiland ist da.«

Ihr Hirten, geschwind!
Kommt, singet dem Kind!
Blast in die Schalmeien,
sein Herz zu erfreuen!
Auf, suchet im Feld
den Heiland der Welt!

Sie hörten das Wort
und eilten schon fort.
Sie kamen in Haufen
im Eifer gelaufen
und fanden da all
den Heiland im Stall.

Die kannten geschwind
das himmlische Kind.
Sie fielen darnieder
und sangen ihm Lieder
und bliesen dabei
die Pfeif und Schalmei!

Volkslied

WIEGENLIED

Da droben auf dem Turme
da wehet der Wind,
da wieget im Sturme
der Adler sein Kind.

Hier unten im Turme
hier wehet kein Wind,
hier betet die Mutter
und wieget ihr Kind,
und hat von der Wiege
zur Krippe ein Band
von Glaube und Hoffnung
und Liebe gespannt.

Weit über die Meere
die Sehnsucht sich spinnt,
dort sitzet Maria
und wieget ihr Kind,
die Engel, die Hirten,
drei König und Stern
und Öchslein und Eslein
erkennen den Herrn.

Wohl über dem Monde
und Wolken und Wind
mit Zepter und Krone
steht Jungfrau und Kind.
Hier unten wards Kindlein
am Kreuz ausgespannt,
dort oben wiegts Himmel
und Erd auf der Hand.

Komm mit, laß uns fliegen
zu Maria geschwind,
komm mit! und lern biegen
dein Knie vor dem Kind,
komm mit! schnür dein Bündlein,
schon führet die Hand
Maria dem Kindlein,
es segnet das Land.

Clemens Brentano

ES SUNGEN DREI ENGEL

Es sungen drei Engel ein' süßen Gesang,
daß in dem hohen Himmel erklang.

Sie sungen, sie sungen alles so wohl,
den lieben Gott wir loben soll'n.

Wir heben an, wir loben Gott,
wir rufen ihn an, es tut uns not.

Er speis' uns mit dem Himmelbrot,
das Gott seinen zwölf Jüngern bot.

Wohl über den Tisch, da Jesus saß,
da er mit ihnen das Abendmahl aß.

Judas, der stund sich nah dabei,
er wollte des Herren Verräter sein.

Er verriet den Herren bis in den Tod,
dadurch der Herr das Leben verlor.

Herr Jesu Christ, wir suchen Dich,
am heiligen Kreuz, da finden wir Dich.

Die Seiten war vom Blut so rot,
Maria Kind leid't große Not.

Maria, Gott's Mutter, reine Magd,
all unser' Not sei Dir geklagt.

All unser' Not und unser' Pein,
das wandel' uns Dein Kindelein.

13. Jahrhundert

SÜSSER DIE GLOCKEN NIE KLINGEN

Süßer die Glocken nie klingen
als zu der Weihnachtszeit,
s' ist als ob Engelein singen
wieder von Friede und Freud,
wie sie gesungen in seliger Nacht,
wie sie gesungen in seliger Nacht.
Glocken mit heiligem Klang,
klinget die Erde entlang.

Oh, wenn die Glocken erklingen,
schnell sie das Christkindlein hört,
tut sich vom Himmel dann schwingen,
eilet hernieder zur Erd,
segnet den Vater, die Mutter, das Kind,
segnet den Vater, die Mutter, das Kind.
Glocken mit heiligem Klang,
klingt doch die Erde entlang!

Klinget mit lieblichem Schalle
über die Meere noch weit,
daß sich erfreuen doch alle
seliger Weihnachtszeit.
Alle aufjauchzen mit herrlichem Sang,
alle aufjauchzen mit herrlichem Sang.
Glocken mit heiligem Klang,
klinget die Erde entlang!

Friedrich Wilhelm Kutzinger

Das Feld ist weiß, so blank und rein,
vergoldet von der Sonne Schein,
die blaue Luft ist stille;
hell wie Kristall
blinkt überall
der Fluren Silberhülle.

Aus Schnee heraus
ragt nackt und kraus
des Dorngebüsches Garbe.

WINTERLIED

Das Feld ist weiß, so blank und rein,
vergoldet von der Sonne Schein,
die blaue Luft ist stille;
hell wie Kristall
blinkt überall
der Fluren Silberhülle.

Der Lichtstrahl spaltet sich im Eis,
es flimmert blau und rot und weiß
und wechselt seine Farbe.
Aus Schnee heraus
ragt nackt und kraus
des Dorngebüsches Garbe.

Von Reifenduft befiedert sind
die Zweige rings, die sanfte Wind'
im Sonnenstrahl bewegen.
Dort stäubt vom Baum
der Flocken Flaum
wie leichter Blütenregen.

Tief sinkt der braune Tannenast
und drohet mit des Schnees Last
den Wandrer zu beschütten;
vom Frost der Nacht
gehärtet, kracht
der Weg von seinen Tritten.

Die blaue Meise piepet laut;
der muntre Sperling pickt vertraut
die Körner vor der Scheune;
der Zeisig hüpft
vergnügt und schlüpft
durch blätterlose Haine.

Wohlan! auf festgediegner Bahn
klimm' ich den Hügel schnell hinan
und blicke froh ins Weite;
und preise den,
der rings so schön
die Silberflocken streute.

Johann Gaudenz von Salis-Seewis

SCHNEEFLÖCKCHEN, WEISSRÖCKCHEN

Schneeflöckchen, Weißröckchen,
da kommst du geschneit;
du kommst aus den Wolken,
dein Weg ist so weit.

Komm, setz dich ans Fenster,
du lieblicher Stern,
malst Blumen und Blätter,
wir haben dich gern.

Schneeflöckchen, du deckst uns
die Blümelein zu,
dann schlafen sie sicher
in himmlischer Ruh'.

Volkslied

THEODOR STORM
AN SEINE ELTERN

Heiligenstadt, 20. Dezember 1856.

Es wird Weihnachten! Mein ganzes Haus riecht schon nach braunem Kuchen – versteht sich nach Mutters Rezept – und ich sitze sozusagen schon seit einer Woche im Scheine des Tannenbaums. Ja, wie ich den Nagel meines Daumens besehe, so ist auch der schon halbwegs vergoldet. Denn ich arbeite jetzt abends nur in Schaumgold, Knittergold und bunten Bonbonpapieren; und während ich Netze schneide und Tannen- und Fichtenäpfel vergolde und die Frauen, d.h. meine Frau und Röschen, Lisbeth's Puppe ausputzen, liest Onkel Otto uns die »Klausenburg« von Tieck vor oder gibt hin und wieder eine Probe aus den Bilderbüchern, die Hans und Ernst auf den Teller gelegt werden sollen. Gestern abend habe ich sogar Mandeln und Zitronat für die Weihnachtskuchen schneiden helfen, auch Kardamom dazu gestoßen und Hirschhornsalz. Den Vormittag war ich stundenlang auf den Bergen in den Wäldern herumgeklettert, um die Tannenäpfel zu suchen. Ja, Ihr hättet mich sogar in meinem dicken Winter-Sürtout hoch oben in einer Tannenspitze sehen können. Freilich hatte ich mich vorher gehörig umgesehen; denn der Herr Kreisrichter durfte sich doch nicht auf ganz offenbarem Waldfrevel ertappen lassen.

Jeden Morgen, die letzten Tage, kommt der Postbote und bringt ein Päckchen oder einen Brief aus der Heimat oder aus der Fremde von Freunden. Die Weihnachtszeit ist doch noch grade so schön, wie sie in meinen Kinderjahren war.

Wenn nur noch der Schnee kommen wollte; wir wohnen hier so schön einsam zwischen den Bergen, da müßte der Weihnachtsbaum, wenn er erst brennt, prächtig in die Winterlandschaft hinausleuchten...

24. Dezember Nachmittag.

Den Weihnachtsbaum, der auf der Diele steht und genau bis an die Decke reicht, habe ich bis auf das letzte Fädchen ganz allein hergestellt, außerdem eine schöne Tannenverzierung über dem Sofa, vor welchem nach alter Weise der Teetisch mit den braunen Kuchen steht... Die Frauen, da sie nichts dabei getan, haben mir in die Herrlichkeit gar nicht hinein dürfen. Die Teller mit Äpfeln, Nüssen und Kuchen und sehr leckerem, selbst gebakkenem Marzipan, die sie für jeden, auch für sich und mich aufgebaut haben, sind ihnen vor der Tür abgenommen. Constanze ist so vergnügt, wie ich sie am Weihnachtsabend fast noch nicht gesehen habe, und auch mir ist friedlich und still zu Mute. Draußen liegt eine wunderschöne Schneelandschaft – es ist äußerst anmutig hier auf dem stillen Weihnachtskämmerchen.

Jetzt, liebe Mutter, wünsche ich Euch herzlich vergnügte Weihnachten.

Euer Theodor.

Weihnachtslied.

Brich an, du schönes Morgenlicht!
Das ist der alte Morgen nicht,
der täglich wiederkehret.
Es ist ein Leuchten aus der Fern',
es ist ein Schimmer, ist ein Stern,
von dem ich längst gehöret.

WEIHNACHTSLIED

Brich an, du schönes Morgenlicht!
Das ist der alte Morgen nicht,
der täglich wiederkehret.
Es ist ein Leuchten aus der Fern',
es ist ein Schimmer, ist ein Stern,
von dem ich längst gehöret.

Nun wird ein König aller Welt,
von Ewigkeit zum Heil bestellt,
ein zartes Kind geboren.
Der Teufel hat sein altes Recht
im ganzen menschlichen Geschlecht
verspielt schon und verloren.

Der Himmel ist jetzt nimmer weit,
es naht die sel'ge Gotteszeit
der Freiheit und der Liebe.
Wohlauf, du frohe Christenheit!
Daß jeder sich nach langem Streit
in Friedenswerken übe.

Ein ewig festes Liebesband
hält jedes Haus und jedes Land
und alle Welt umfangen,
wir alle sind ein heil'ger Stamm,
der Löwe spielet mit dem Lamm,
das Kind am Nest der Schlangen.

Wer ist noch, welcher sorgt und sinnt?
Hier in der Krippe liegt ein Kind
mit lächelnder Gebärde.
Wir grüßen dich, du Sternenheld!
Willkommen, Heiland aller Welt!
Willkommen auf der Erde!

Max von Schenkendorf

CHRISTKIND IM WALDE

Christkind kam in den Winterwald,
der Schnee war weiß, der Schnee war kalt.
Doch als das heil'ge Kind erschien,
fing's an im Winterwald zu blühn.

Christkindlein trat zum Apfelbaum,
erweckt' ihn aus dem Wintertraum.
»Schenk Äpfel süß, schenk Äpfel zart,
schenk Äpfel mir von aller Art!«

Der Apfelbaum, er rüttelt' sich,
der Apfelbaum, er schüttelt' sich,
da regnet's Äpfel ringsumher;
Christkindleins Taschen wurden schwer.

Die süßen Früchte alle nahm's,
und also zu den Menschen kam's.
Nun, holde Mäulchen, kommt, verzehrt,
was euch Christkindlein hat beschert!

Ernst von Wildenbruch

Tochter des Waldes,
du Lilienverwandte,
so lang von mir gesuchte,
unbekannte,
im fremden Kirchhof,
öd und winterlich,
zum erstenmal, o schöne,
find' ich dich!

AUF EINE CHRISTBLUME

Tochter des Waldes, du Lilienverwandte,
so lang von mir gesuchte, unbekannte,
im fremden Kirchhof, öd und winterlich,
zum erstenmal, o schöne, find' ich dich!

Von welcher Hand gepflegt du hier erblühtest,
ich weiß es nicht, noch wessen Grab du hütest;
ist es ein Jüngling, so geschah ihm Heil,
ist's eine Jungfrau, lieblich fiel ihr Teil.

Im nächt'gen Hain, von Schneelicht überbreitet,
wo fromm das Reh an dir vorüberweidet,
bei der Kapelle, am kristallnen Teich,
dort sucht' ich deiner Heimat Zauberreich.

Schön bist du, Kind des Mondes, nicht der Sonne!
Dir wäre tödlich andrer Blumen Wonne;
dich nährt, den keuschen Leib voll Reif und Duft,
himmlischer Kälte balsamsüße Luft.

Dich würden, mahnend an das heil'ge Leiden,
fünf Purpurtropfen schön und einzig kleiden;
doch kindlich zierst du, um die Weihnachtszeit,
lichtgrün mit einem Hauch, dein weißes Kleid.

Der Elfe, der in mitternächt'ger Stunde
zum Tanze geht im lichterhellen Grunde,
vor deiner mystischen Glorie steht er scheu
neugierig still von fern und huscht vorbei.

Eduard Mörike

DAS KLEINE MÄDCHEN MIT DEN SCHWEFELHÖLZERN

Es war ganz abscheulich kalt; es schneite, und es begann zu dunkeln und Abend zu werden; es war auch der letzte Abend im Jahr, der Altjahrsabend. In dieser Kälte und in dieser Dunkelheit ging ein kleines, armes Mädchen mit bloßem Kopf und nackten Füßen die Straße entlang; ja, sie hatte allerdings Pantoffeln angehabt, als sie von Hause fortging; aber was nützte das schon! Die Pantoffeln waren sehr groß gewesen, ihre Mutter hatte sie zuletzt getragen, so groß waren sie, und die verlor die Kleine, als sie über die Straße eilte, weil zwei Wagen so schrecklich schnell vorbeifuhren; der eine Pantoffel war nicht zu finden, und mit dem anderen rannte ein Junge weg; er sagte, den könnte er als Wiege gebrauchen, wenn er selber Kinder bekäme.

Da ging nun das kleine Mädchen auf den nackten Füßchen dahin, die rot und blau vor Kälte waren; in einer alten Schürze trug sie eine Menge Schwefelhölzer, und ein Bund hielt sie in der Hand; den ganzen Tag über hatte ihr niemand etwas abgekauft; niemand hatte ihr einen kleinen Schilling geschenkt; hungrig und frierend ging sie weiter und sah ganz bedrückt aus, das arme kleine Ding! Die Schneeflocken fielen auf ihr langes, blondes Haar, das sich so hübsch im Nacken lockte, aber an die Pracht dachte sie wahrlich nicht. Aus allen Fenstern glänzten die Lichter, und dann roch es auf der Straße so wunderbar nach Gänsebraten; es war ja Altjahrsabend, ja, daran mußte sie denken.

Drüben in einem Winkel zwischen zwei Häusern – das eine ragte etwas weiter in die Straße vor als das andere – setzte sie sich hin und kauerte sich zusammen; die Beine hatte sie unter sich hochgezogen, aber sie fror noch mehr, und nach Hause getraute sie sich nicht, sie hatte ja keine Schwefelhölzer verkauft, nicht einen einzigen Schilling bekommen, ihr Vater schlug sie dann, und kalt war es auch zu Hause, sie hatten nur eben das Dach über sich, und da pfiff der Wind hindurch, obwohl die größten Ritzen mit Stroh und Lappen verstopft worden waren. Ihre kleinen Hände waren fast abgestorben vor Kälte. Ach! ein Schwefelhölzchen würde guttun. Dürfte sie nur

eines aus dem Bund herausziehen, es an der Wand anreißen und die Finger daran wärmen. Sie zog eines heraus, „ritsch!“ wie das zischte, wie es brannte! Es war eine warme, helle Flamme, ganz wie ein Lichtchen, als sie die Hand darum legte; es war ein seltsames Licht! Dem kleinen Mädchen war es, als säße es vor einem großen, eisernen Ofen mit blanken Messingkugeln und einer Messingtrommel; das Feuer brannte ganz herrlich, wärmte so gut! Nein, was war das! – Die Kleine streckte schon die Füße aus, um auch diese aufzuwärmen – da erlosch die Flamme. Der Ofen verschwand – sie hatte einen kleinen Rest des ausgebrannten Schwefelholzes in der Hand.

Ein neues wurde angestrichen, es brannte, es leuchtete, und wo der Schein auf die Hauswand fiel, wurde diese durchsichtig wie ein Schleier; sie sah bis in die Stube hinein, wo der Tisch mit dem schimmernd weißen Tischtuch gedeckt stand, mit feinem Porzellan, und herrlich dampfte die gebratene Gans, mit Backpflaumen und Äpfeln gefüllt! Und was noch prächtiger war, die Gans hüpfte von der Platte, watschelte mit Gabel und Messer im Rücken durch das Zimmer; geradeswegs zu dem armen Mädchen kam sie gelaufen; da erlosch das Schwefelholz, und nur die dicke, kalte Hauswand war zu sehen.

Sie zündete ein neues an. Da saß sie unter dem schönsten Weihnachtsbaum; der war noch größer und noch prächtiger geschmückt als der, den sie beim reichen Kaufmann jetzt zu Weihnachten gesehen hatte; tausend Kerzen brannten an den grünen Zweigen, und bunte Bilder wie die, welche die Ladenfenster schmückten, blickten zu ihr nieder. Die Kleine streckte beide Hände hoch – da erlosch das Schwefelholz; die vielen Weihnachtslieder stiegen immer höher empor, sie sah, es waren nun die hellen Sterne, einer davon fiel nieder und hinterließ einen langen Feuerstreif am Himmel.

„Nun stirbt jemand!“ sagte die Kleine, denn die alte Großmutter, die einzige, die gut zu ihr gewesen war, die jetzt aber tot war, hatte gesagt: Wenn ein Stern fällt, steigt eine Seele zu Gott hinauf.

Sie strich abermals ein Schwefelholz an der Hauswand an, das leuchtete weithin, und in seinem Glanze stand die alte Großmutter, so hell, so leuchtend, so mild und segensreich.

„Großmutter!“ rief die Kleine. „Oh, nimm mich mit! Ich weiß, du bist fort, wenn das Schwefelholz ausgeht; fort, genauso wie der warme Ofen, der wunderbare Gänsebraten und der große, herrliche Weihnachtsbaum!“ – und sie strich geschwind den ganzen Rest der Schwefelhölzer an, der im

Bund war, sie wollte die Großmutter ganz festhalten; und die Schwefelhölzer leuchteten mit solchem Glanz, daß es heller war als am lichten Tag. Großmutter war nie zuvor so schön gewesen, so groß; sie hob das kleine Mädchen auf ihren Arm, und sie flogen in Glanz und Freude dahin, ganz hoch; und da gab es keine Kälte, keinen Hunger, keine Angst – sie waren bei Gott!

Aber in der Ecke am Haus saß in der kalten Morgenstunde das kleine Mädchen mit roten Wangen, mit einem Lächeln um den Mund – tot, erfroren am letzten Abend des alten Jahres. Der Neujahrsmorgen ging über dem kleinen Leichnam auf, der mit den Schwefelhölzern dasaß, von denen fas ein Bund abgebrannt war. Sie hat sich aufwärmen wollen, sagte man; niemand wußte, was sie Schönes gesehen hatte, in welchem Glanz sie mit der alten Großmutter zur Neujahrsfreude eingegangen war!

Hans Christian Andersen

CLEMENS BRENTANO
AN SEIN PATENKIND RUDOLF CLEMENS ROCHS

Jetzt ist es sehr kalt, viele arme Kinder frieren sehr, arme Leute haben kein Wasser, weil die Brunnen vertrocknet sind und die Teiche gefroren, da können sie die Kühe nicht tränken, da können diese keine Milch geben, da müssen auch wohl Kinder und Eltern noch hungern zu der Kälte. Was ist aber da anzufangen? Wir wollen das Christkind fragen, es sagt: »Was ihr dem ärmsten geringsten Kinde oder Menschen gebt, das habet ihr mir gegeben.«

Sieh, mein lieber Pate, wie gut das Christkind ist, es will selbst nichts; was die Armen kriegen, das kriegt das Christkind, wenn die Armen frieren, friert das Christkind aus Liebe mit, und wenn die Armen bedeckt und gewärmt sind, ist das Christkind so wohl und warm, daß es uns alles tausendfach wiedergibt. Wer aber nichts zu geben hat, wie alle kleinen Jungen und wie Du, der muß beten für die Armen, daß Gott seine Engel schickt, welche ihnen Kleider und Holz bringen, und welche machen, daß wieder genug kommt Wasser für die Kühe, daß es wieder Milch gibt, und sie was zu essen haben. Dieses, mein lieber Pate, ist das Neueste und Nötigste, was ich weiß. Gott segne Dich!

AUF DEM BERGE, DA WEHET DER WIND

Auf dem Berge, da wehet der Wind,
da wiegt die Maria ihr Kind,
sie wiegt es mit ihrer schneeweißen Hand,
sie hat dazu kein Wiegenband.
»Ach Josef, lieber Josef mein,
ach, hilf mir doch wiegen mein Kindelein.«
»Wie soll ich dir denn dein Kindlein wieg'n?
Ich kann ja kaum selber die Finger bieg'n.«
Schum, schei, schum, schei.

Schlesisches Volkslied

IHR KINDERLEIN, KOMMET, O KOMMET DOCH ALL

Ihr Kinderlein, kommet, o kommet doch all,
zur Krippe herkommet in Bethlehems Stall
und seht, was in dieser hochheiligen Nacht
der Vater im Himmel für Freude uns macht.

O seht in der Krippe im nächtlichen Stall,
seht hier bei des Lichtleins hellglänzendem Strahl
in reinlichen Windeln das himmlische Kind,
viel schöner und holder, als Engel es sind.

Da liegt es, ihr Kinder, auf Heu und auf Stroh,
Maria und Joseph betrachten es froh,
die redlichen Hirten knien betend davor,
hoch oben schwebt jubelnd der Engelein Chor.

O beugt wie die Hirten anbetend die Knie,
erhebet die Hände und danket wie sie!
Stimmt freudig, ihr Kinder – wer wollt' sich nicht freun? –
stimmt freudig zum Jubel der Engel mit ein!

Was geben wir Kinder, was schenken wir dir,
du bestes und liebstes der Kinder, dafür?
Nichts willst du von Schätzen und Reichtum der Welt;
ein Herz nur voll Demut allein dir gefällt.

Christoph von Schmid

FRIEDE AUF ERDEN

Da die Hirten ihre Herde
ließen und des Engels Worte
trugen durch die niedre Pforte
zu der Mutter und dem Kind,
fuhr das himmlische Gesind
fort im Sternenraum zu singen,
fuhr der Himmel fort zu klingen:
»Friede, Friede auf der Erde!«

Seit die Engel so geraten,
o wie viele blut'ge Taten
hat der Streit auf wildem Pferde,
der geharnischte, vollbracht!
In wie mancher heil'gen Nacht
sang der Chor der Geister zagend,
dringlich flehend, leis verklagend,
»Friede, Friede auf der Erde!«

Doch es ist ein ew'ger Glaube,
daß der Schwache nicht zum Raube
jeder frechen Mordgebärde
werde fallen allezeit:
Etwas wie Gerechtigkeit
webt und wirkt in Mord und Grauen,
und ein Reich will sich erbauen,
das den Frieden sucht der Erde.

Mählich wird es sich gestalten,
seines heil'gen Amtes walten,
Waffen schmieden ohne Fährde,
Flammenschwerter für das Recht;

und ein königlich Geschlecht
wird erblühn mit starken Söhnen,
dessen helle Tuben dröhnen:
»Friede, Friede auf der Erde!«

Conrad Ferdinand Meyer

ROSA LUXEMBURG
AN SOPHIE LIEBKNECHT

Breslau, Mitte Dezember 1917

Genau vor einem Jahr waren Sie bei mir in Wronka, haben mir den schönen Weihnachtsbaum beschert... Heuer habe ich mir hier einen besorgen lassen, aber man brachte mir einen ganz schäbigen, mit fehlenden Ästen – kein Vergleich mit dem vorjährigen. Ich weiß nicht, wie ich darauf die acht Lichtlein anbringe, die ich erstanden habe. Es ist mein drittes Weihnachten im Kittchen, aber nehmen Sie es ja nicht tragisch. Ich bin so ruhig und heiter wie immer. Gestern lag ich lange wach – ich kann jetzt nie vor ein Uhr einschlafen, muß aber schon um zehn ins Bett – dann träume ich verschiedenes im Dunkeln. Gestern dachte ich also: wie merkwürdig das ist, daß ich ständig in einem freudigen Rausch lebe – ohne jeden besonderen Grund. So liege ich zum Beispiel hier in der dunklen Zelle auf einer steinharten Matratze, um mich im Hause herrscht die übliche Kirchhofstille, man kommt sich vor wie im Grabe, vom Fenster her zeichnet sich auf der Decke der Reflex der Laterne, die vor dem Gefängnis die ganze Nacht brennt. Von Zeit zu Zeit hört man nur ganz dumpf das ferne Rattern eines vorbeifahrenden Eisenbahnzuges oder ganz in der Nähe unter den Fenstern das Räuspern der Schildwache, die in ihren schweren Stiefeln ein paar Schritte langsam macht, um die steifen Beine zu bewegen. Der Sand knirscht so hoffnungslos unter diesen Schritten, daß die ganze Öde und Ausweglosigkeit des Daseins daraus klingt in die feuchte, dunkle Nacht. Da liege ich still allein, gewickelt in diese vielfachen schwarzen Tücher der Finsternis, Langeweile, Unfreiheit des Winters – und dabei klopft mein Herz von einer unbegreiflichen, unbekannten inneren Freude, wie wenn ich im strahlenden Sonnenschein über eine blühende Wiese gehen würde. Und ich, ich lächle im Dunkeln dem Leben, wie wenn ich irgendein zauberhaftes Geheimnis wüßte, das alles Böse und Traurige Lügen straft und in lauter Helligkeit und Glück wandelt. Und dabei suche ich selbst nach einem Grund zu dieser Freude, finde nichts und muß wieder lächeln über mich selbst. Ich glaube, das Geheimnis ist nichts anderes als das Leben selbst, die tiefe nächtliche Finsternis ist so schön und weich wie Sammet, wenn man nur richtig schaut. Und in dem Knirschen des feuchten Sandes unter den langsamen schweren Schritten der Schildwache singt auch ein kleines, schönes Lied vom Leben – wenn man nur richtig zu hören weiß...

Ach, Sonitschka, ich habe hier einen scharfen Schmerz erlebt; auf dem Hof, wo ich spaziere, kommen oft Wagen vom Militär, voll bepackt mit Säcken oder alten Soldatenröcken und Hemden, oft mit Blutflecken..., die werden hier abgeladen, in die Zellen verteilt, geflickt, dann wieder aufgeladen und ans Militär abgeliefert.

Neulich kam so ein Wagen, bespannt, statt mit Pferden mit Büffeln. Ich sah die Tiere zum erstenmal in der Nähe. Sie sind kräftiger und breiter gebaut als unsere Rinder, mit flachen Köpfen und flach abgebogenen Hörnern, die Schädel also unseren Schafen ähnlicher, ganz schwarz, mit großen, sanften Augen. Sie stammen aus Rumänien, sind Kriegstrophäen... die Soldaten, die den Wagen führten, erzählten, daß es sehr mühsam war, diese wilden Tiere zu fangen, und noch schwerer, sie, die an die Freiheit gewöhnt waren, zum Lastdienst zu benutzen. Sie wurden furchtbar geprügelt, bis daß für sie das Wort gilt »vae victis«... dazu bekommen sie, die an die üppige rumänische Weide gewöhnt waren, elendes und karges Futter. Sie werden schonungslos ausgenutzt, um alle möglichen Lastwagen zu schleppen, und gehen dabei rasch zugrunde. Vor einigen Tagen kam also ein Wagen mit Säcken hereingefahren, die Last war so hoch aufgetürmt, daß die Büffel nicht über die Schwelle bei der Toreinfahrt konnten. Der begleitende Soldat, ein brutaler Kerl, fing an, derart auf die Tiere mit dem dicken Ende des Peitschenstiels loszuschlagen, daß die Aufseherin ihn empört zur Rede stellte, ob er denn kein Mitleid mit den Tieren hätte! »Mit uns Menschen hat auch niemand Mitleid!« antwortete er mit bösem Lächeln und hieb noch kräftiger ein... Die Tiere zogen schließlich an und kamen über den Berg, aber eins blutete...

Sonitschka, die Büffelhaut ist sprichwörtlich an Dicke und Zähigkeit, und die war zerrissen. Die Tiere standen dann beim Abladen ganz still erschöpft, und eins, das, welches blutete, schaute dabei vor sich hin mit einem Ausdruck in dem schwarzen Gesicht und den sanften schwarzen Augen, wie ein verweintes Kind. Es war direkt der Ausdruck eines Kindes, das hart bestraft worden ist und nicht weiß, wofür, weshalb, nicht weiß, wie es der Qual und der rohen Gewalt entgehen soll... ich stand davor, und das Tier blickte mich an, mir rannen die Tränen herunter...

Derweil tummelten sich die Gefangenen geschäftig um den Wagen, luden die schweren Säcke ab und schleppten sie ins Haus, der Soldat aber steckte beide Hände in die Hosentaschen, spazierte mit großen Schritten über den Hof, lächelte und pfiff leise einen Gassenhauer. Und der ganze herrliche Krieg zog an mir vorbei... Schreiben Sie schnell, ich umarme Sie, Sonitschka.

Ihre Rosa

LEISE RIESELT DER SCHNEE

Leise rieselt der Schnee,
still und starr liegt der See,
weihnachtlich glänzet der Wald,
freue dich, Christkind kommt bald!

In den Herzen ist's warm,
still schweigt Kummer und Harm,
Sorge des Lebens verhallt,
freue dich, Christkind kommt bald!

Bald ist heilige Nacht,
Chor der Engel erwacht,
hört nur, wie lieblich es schallt:
Freue dich, Christkind kommt bald!

Eduard Ebel

EIN LIED, HINTERM OFEN ZU SINGEN

Der Winter ist ein rechter Mann,
kernfest und auf die Dauer;
sein Fleisch fühlt sich wie Eisen an
und scheut nicht Süß noch Sauer.

War je ein Mann gesund, ist er's;
er krankt und kränkelt nimmer,
weiß nichts von Nachtschweiß noch Vapeurs
und schläft im kalten Zimmer.

Er zieht sein Hemd im Freien an
und läßt's vorher nicht wärmen;
und spottet über Fluß im Zahn
und Kolik in Gedärmen.

Aus Blumen und aus Vogelsang
weiß er sich nichts zu machen,
haßt warmen Drang und warmen Klang
und alle warmen Sachen.

Doch wenn die Füchse bellen sehr,
wenn's Holz im Ofen knittert
und um den Ofen Knecht und Herr
die Hände reibt und zittert;

wenn Stein und Bein vor Frost zerbricht
und Teich' und Seen krachen;
das klingt ihm gut, das haßt er nicht,
denn will er tot sich lachen.

Sein Schloß von Eis liegt ganz hinaus
beim Nordpol an dem Strande;
doch hat er auch ein Sommerhaus
im lieben Schweizerlande.

Da ist er denn bald dort, bald hier,
gut Regiment zu führen,
und wenn er durchzieht, stehen wir
und sehn ihn an und frieren.

Matthias Claudius

VEREINSAMT

Wer lobsänge dem Süden mit ungeheuchelter Begeisterung, wenn nicht sein Widerpart der Norden wäre? Was hätte ein ewiger Frühling, über die ganze weite Erde gebreitet, noch Besonderes? Aber da kommen die Kinder des Südens zu uns und hauchen in die Hände und sagen: »O welch trauriges Land! Ihr habt eigentlich nur eine Jahreszeit, sieben Monate weißen und fünf Monate grünen Winter. Wie Ihr das nur aushalten könnt?!« Und dann ziehen die Kinder des Nordens mitten im weißen Winter hinab nach dem Süden und sagen begeistert: »Ihr habt nur eine Jahreszeit, den Frühling. Wie glücklich Ihr seid!«

Das ist wohl ein wenig übertrieben, der Norden weiß das ganz gut. Er sagte einmal: »Pah, ich will mir eine ordentliche vierte Jahreszeit anschaffen, ich kann mir diesen Luxus erlauben, das riesige Polarmeer habe ich zur Hand, und dort bekomme ich um ein Billiges, was ich dazu brauche.« Sprach's und ließ sich einen ordentlichen Winter kommen.

Es ist das ein Patron, dem vieles Übles nachgesagt wird, nicht mit Unrecht. Anfangs beginnt er die Leute mit dichten Nebeln zu necken, er verhängt ihnen die luftige Ferne, Wege und Stege, Gruben und Rinnen. »So, da findet euch zurecht!« Jeder hat seinen eigenen Schatten verloren und glaubt, auf einen entlaufenen fremden zu stoßen, wenn aus dem dichten Grau ein anderer Mensch auf ihn vorsichtig zuschreitet. Dann wieder macht er glatte Wege, um alles zu Fall zu bringen, oder er sagt: »Wie wär's, wenn wir's mit einem trockenen Regen versuchten?« Und da ballt er die Regentropfen zu Sternchen, Kügelchen und Pelzchen und läßt sie herunterrieseln, und das legt sich auf die Hüte, je breiter die Krempe, um so schwerer, auf die Ärmel, als legte der Winter selbst seine Hand auf unsern Arm, um uns recht freundschaftlich an seine Anwesenheit zu erinnern, was ihm jedoch niemand recht Dank wissen will.

Nebel, Eis und Schnee breitet er über Stadt und Land, aber in der ersteren macht er sich kleine Nebenpläsierchen. Da sieht er die großen Fabrikschlote rauchen. »Ah, das ist ja prächtig«, sagt er, »wie hübsch, wenn ich diese braunen Wolken unter meine Nebelmassen steckte!« Und er steckt sie darunter, daß den Leuten die Augen brennen und sie zu ersticken vermeinen. Oder er sieht das schöne Pflaster, ob Würfel oder Platten, Granit oder Klinker, das ist ihm ganz gleich. »Herrlich! Wie nett sich das übereisen läßt!« Er tut's, und die Leute rennen aus den Häusern und streuen Asche und Sand auf die Wege.

Aber ganz unausstehlich will er sich doch nicht machen, oft nach einem tüchtigen Schneegestöber läßt er den Himmel hell und rein, die Luft klar und kalt und hält den Menschen die Schlittenbahn bereit. Da jagen diese über Land. Weit – weit liegt alles blendend weiß, ruhig, still feierlich. Der tiefdunkle Tannenwald hält auf den Ästen weiße Streifen und an den Bärten schimmernde Zapfen, die Häuschen haben Hauben auf, der kleinste Pfahl im Zaun trägt eine solche, Weiher und Teiche sind mattsilberne Spiegel, an den Menschen schmiegt sich die Kälte, drängt das warme Leben mehr nach innen und schränkt es ein, als wollte sie nur die Wärme des Herzens gelten lassen, die man denn auch mit doppeltem Behagen verspürt, und da sagen alle: »Es ist doch schön!«

Es ist doch schön. Der Winter hat etwas Märchenhaftes. Die Welt liegt weit und klar, die Wege sind schmal und Wanderer darauf wenige, man

erwartet daher in jedem etwas Besonderes, in jedem Häuschen, das man betritt, ein Abenteuer, denn außen liegt die Welt so still, innen schlägt das Herz so froh, so erwartungsvoll. Je nun, man kann sich täuschen, und man täuscht sich auch, bis zu *der* Zeit, wo der leuchtende Tannenbaum in die Stube kommt, da lebt jeder ein Märchen. Selbst wenn er den Baum mit eigenen Händen geschmückt hat, wenn er ganz gut weiß, wieviel Taler, Groschen und Pfennige auf all die Herrlichkeiten darauf gegangen; der Baum rauscht mit seinen Schleifen gar geheimnisvoll, die Herrlichkeiten wollen nicht Ware werden, sie bleiben ganz ungewöhnliche Dinge, die erst im Kinderjubel lebendig werden wollen, in diesem Jubel aber erwacht das Kind noch einmal in jedem, auch der kälteste, trockenste Geselle lebt für einen Augenblick ein Märchen, – seine Kindheit noch einmal!

Sie ist ein Märchen, wie nur eines sein soll, vor den kaum erschlossenen Sinnen geschieht täglich, stündlich ganz Unerwartetes, immer Geheimnisvolles, aber das Kind beträgt sich, wie man von dem Helden eines Märchens billig erwarten kann, es wird leidvoll oder freudvoll überrascht, – sei es auch nur, weil ihm ein böser Schrank eine Beule schlägt, oder weil ein ganz gewöhnliches Stück Holz plötzlich anheimelnde, zum Spielen einladende Gestalt gewinnt, – aber es ist nie erstaunt darüber, daß sich irgend etwas ereignen kann, es vermag von den Wundern der Christnacht hingerissen zu werden, aber es wird sie ganz in der Ordnung finden; doch in dem brausenden Kinderjubel klingt in dem Herzen der Erwachsenen die verwandte Saite an.

Gewiß, Weihnachten ist eine frohe Zeit, und sie macht alle fröhlich. Alle? Viele, die meisten, alle wohl nicht. Ich kenne einen, der sie fürchtet.

Er hat seine Wohnung neben der meinen, ist ein noch ziemlich junger, hochaufgeschossener Mensch, den man immer gleich still, ernst und bescheiden seiner Wege gehen sieht. Auf einen freundlichen Gruß oder ein Scherzwort erwidert er wohl mit einem verbindlichen Lächeln, aber er scheint jede Annäherung zu vermeiden. Was seine Stellung anbelangt, so soll er in einer der vielen Teehandlungen Buch und Korrespondenz führen.

Jahrüber war er der gleich höfliche wie freundliche Nachbar, bis jenes Fest herankam, das man bezeichnend Christabend nennt, denn der Tag zählt nicht, alles bis zum Abende ist Erwartung, ungeduldige, still träumerische oder behaglich vorkostende je nach Temperament, aber immer nur Erwartung; kam dieser Festabend heran, dann wich der Mann jeder Ansprache aus und bezeigte sich fast menschenscheu.

Es ist früh am Morgen, fahles Licht fällt durch die Gangfenster, die Treppe, die in Krümmungen von Stockwerk zu Stockwerk läuft, liegt noch im Dunkel, der Nachbar steht vor seiner Türe und schließt sie eben hinter sich ab, neben ihm steht ein altes ärmlich gekleidetes Weib, das Tag für Tag ihn bedienen kommt, das Frühstück kocht, die Kleider reinigt, das Essen holt, sie führt Bürste und Ausklopfstäbchen mit sich, schiebt sie von einer Hand in die andere, sie scheint etwas auf dem Herzen zu haben, aber einigermaßen verlegen zu sein, wie sie es vorbringe, endlich sagt sie leise: »Ich tät' bitten, schaffen der gnädige Herr heut noch etwas?«

Im Kreise ihrer Enkel wollte sie den heutigen Tag zubringen, das war's.

Der Gefragte schiebt den Quartierschlüssel in die Tasche, er blickt nicht auf, sondern antwortet in demselben halben Tone: »Nein, kommen Sie nur morgen früh rechtzeitig wieder.«

»Ich küss' die Hand«, sagte das Weib, »ich wünsch' recht« – vergnügte Feiertage, lag ihr wohl auf der Zunge, aber es schien sie zu gereuen, und da es schon halb heraus war, so wiederholte sie es und ergänzte es, wie es ihr unverfänglicher schien: »Ich wünsch' recht gute Unterhaltung!«

Der Mann nickte und schritt rasch der Treppe zu. Das alte Weib schüttelte den Kopf, wohl über sich selbst, und sah ihm, wie bekümmert, nach. »Daß ich mir's nie ermerken kann, immer rutscht es mir so heraus.«

Der Mann eilt in das Geschäft, hastig durchschreitet er schmutzige Nebengäßchen, biegt von allen belebten Straßen ab und erreicht auf einem

Umwege die Handlung, in der er bedienstet ist, dort setzt er sich an sein Pult, nimmt die Feder zur Hand, rechnet, schreibt, blättert in den Büchern und sieht nicht auf, bis gegen Abend – früher als sonst an irgendeinem Tag im Jahr – der Laden geschlossen werden soll, dann legt er seufzend die Feder hin, zieht den warmen Winterrock über, nimmt den Hut vom Haken und tritt hinaus in die Dämmerung.

Wieder nimmt er den Weg durch die Nebengäßchen, aber so menschenleer es dort auch ist, hie und da hüpft doch ein Kind mit munteren Äuglein über den Weg, hastet ein Erwachsener daher, der einen Pack halb versteckt trägt, oder rauscht gar ein Bäumchen vorbei, und die Goldstreifen knistern, und die bunten Papierbänder flattern, unser Mann achtet nicht darauf, er drückt sich nur näher an die Mauer, um Platz zu machen.

Vor seiner Wohnung angelangt, zieht er bedächtig den Schlüssel aus der Tasche, öffnet, tritt ein, sperrt hinter sich ab und geht nach dem im Halbdunkel liegenden Zimmer. Helle Streifen von der Straßenbeleuchtung fallen durch die Fenster, liegen über der Wand und zittern an der Decke, in dem dämmernden Raume geht er in kurzen und hastigen Schritten ein paarmal auf und nieder, dann, als versagten ihm die Füße, wirft er sich müde auf den Diwan. Er deckt die Augen mit den Händen und stützt den Kopf darein und seufzt tief auf.

Vor vier Jahren war es gewesen, da leuchtete in seiner Stube ein Baum, ein übermütiger Knirps kutschierte mit einem kleinen Wägelchen rasselnd auf und nieder, und auf dem Arme einer kleinen niedlichen Frau guckte ein Kleinstes mit groß, gar groß aufgerissenen Augen in die Lichter, es streckte die Ärmchen darnach und zog sie lächelnd wieder zurück.

Und vor drei Jahren, da tollte der Knirps wieder durchs Zimmer, aber die Frau saß neben dem Manne auf dem Diwan, und sie drückte seine Hand, und sie sah mit feuchten Augen lächelnd nach dem Kleinen. »Unser Einziger – der ist ja noch da!«

Und wieder ein Jahr, da leuchtete kein Baum in der Stube, da war es düster wie heute, aber in seiner Hand lag eine andere, an seiner Wange lehnte eine andere Wange, er fühlte die Wimpern des nahen Auges seine Schläfe streifen, und feucht rann ein Tropfen nieder. »O liebes Weib –«

Und noch ein Jahr – ja da war es ganz wie heute – es überkommt ihn, als sollte er sich über das Kissen des Diwans werfen, die Hände vors Gesicht geschlagen, ... aber er erhebt sich langsam, tritt an das Fenster, er schiebt den Riegel zurück, er öffnet einen Flügel und lehnt sich hinaus in die stille Nacht.

Draußen liegt die Straße. Langsam wie durch einen zündenden Funken, der die Häuserzeile entlang läuft, glimmen die Fenster an, da, dort, nah, näher wird es Licht. Nicht alle Leute sind so neidisch gegen die Nacht und die andern Menschen außen, daß sie ihre Fenster mit Tüchern verhängen, nein, manche lassen die Lichter hell und ungedämpft hinausleuchten auf die Straße.

Und der Mann am Fenster blickt hinein in das Leben und Treiben der nahen Stuben – lange, lange, dann zieht er leise das Fenster an sich, und bevor er es schließt, nickt er hinaus und sagt still und wehmütig: »Fröhliche Weihnacht!«

Fröhliche Weihnacht!

Das Fenster drückt sich in den Rahmen, er wendet sich zurück. Wie ist das? Will es nicht in seiner eigenen Stube aufleuchten? Es ist ihm, als laste ihm etwas gar leicht auf seinem rechten Arme, als wäre etwas rasch herangekommen und schmiegte sich an sein linkes Knie.

Nichts! Im Auge wirken ja grelle Lichteindrücke für kurze Weile noch im Dunkeln nach, und als er aus dem Fenster sah, da hatte er auf dem rechten Arme gelegen und das linke Knie gegen das Sims gestemmt. Es erklärt sich das so natürlich, aber er senkte doch sachte den Arm herab, er rückte leise den Fuß vor, wie um nichts fallen zu lassen oder umzustoßen – was es auch sei.

Dann verläßt er eilig die Wohnung. Jetzt war es auf den Straßen wie ausgestorben, er durchschreitet sie hastig, wo er in einem öffentlichen Lokale eine Zechgesellschaft lärmen hört, da tritt er ein, er setzt sich in eine Ecke und sieht stille dem Treiben zu, er fühlt eine Art Behagen, wie unter seinesgleichen. Vereinsamte Ausgeschlossene und Ausgestoßene. Je lärmender die Gesellschaft, je besser, die hatten nie, was er besaß und, selbst verloren, nicht in der Erinnerung missen möchte, oder sie hatten's verspielt, sie waren elender wie er, dem die heilige Nacht noch heiligen Schmerz weckte.

Kalt und nüchtern, bleigrau liegt der Morgen über der Stadt, wenn der Mann heimkehrt. Es ist vorbei, wieder auf ein Jahr vorbei, was ihn im dämmernden Zimmer überkommt, als sollte er sich über das Kissen des Diwans werfen, die Hände vors Gesicht geschlagen, – was ihn hinaustreibt in die Nacht, gleich Vereinsamten nachzuspüren, nachdem er vorher den Glücklichen still und wehmütig zugerufen: Fröhliche Weihnacht!

Ludwig Anzengruber

ES IST EIN ROS' ENTSPRUNGEN

Es ist ein Ros' entsprungen
aus einer Wurzel zart;
als uns die Alten sungen,
aus Jesse kam die Art
und hat ein Blümlein bracht
mitten im kalten Winter
wohl zu der halben Nacht.

Das Röslein, das ich meine,
davon Esaias sagt,
hat uns gebracht alleine
Marie, die reine Magd:
Aus Gottes ew'gem Rat
hat sie ein Kind geboren
wohl zu der halben Nacht.

16. Jahrhundert

JEAN PAUL
AN SEINE FRAU KAROLINE

Nimm, liebes Weib, dieses Kleid, das die Farbe unsers Himmels trägt. Weine nicht darüber. Du beschenkst ja nur Dich selber. Ich habe keine *Taten*, Dich zu belohnen, nicht einmal *Worte* hier. Du heiliges treues, nur sich allein nicht liebendes Herz! Ich würde Dir hier mehr sagen aus Seligkeit, wenn Du nicht zu weich wärest in der Minute, wo du es liesest!

R.

WEIHNACHTEN

Markt und Straßen stehn verlassen,
still erleuchtet jedes Haus,
sinnend geh ich durch die Gassen,
alles sieht so festlich aus.

An den Fenstern haben Frauen
buntes Spielzeug fromm geschmückt,
tausend Kindlein stehn und schauen,
sind so wunderstill beglückt.

Und ich wandre aus den Mauern
bis hinaus ins freie Feld,
hehres Glänzen, heilges Schauern!
Wie so weit und still die Welt!

Sterne hoch die Kreise schlingen,
aus des Schnees Einsamkeit
steigt's wie wunderbares Singen –
o du gnadenreiche Zeit!

Joseph Freiherr von Eichendorff

Märchenmütterchen

AUS DER KINDERSTUBE

Aus der Kinderstub' ein Märchen.
Zu Weihnachten kam ein Pärchen
Zuckerwerk gesandt vom Bäschen –
war's ein Jäger und ein Häschen,
war's ein Schäfer und ein Lämmchen
neben einem Tannenstämmchen?
Nicht mehr weiß ich's, kurz: ein Männchen
und ein Tierchen bei 'nem Tännchen.
Und die Mutter sprach dem Ernste,
ihrem jüngsten, zu mit Ernste:
Dieses sollst du nur betrachten,
aber nicht zu essen trachten.
Doch, ihn erst zu prüfen eben,
ward ihm nur das Tier gegeben;
sie behielt den Mann zurücke,
das gereichte dem zum Glücke.
Denn sein Tierchen nahm das Bübchen,
sperrt' es in sein Spielzeugschiebchen,
kam dann stündlich zu der Mutter:
Gib mir für mein Tierchen Futter!
Äpfel gab sie ihm und Semmeln,
was nicht Hasen taugt noch Hämmeln,
doch der Füttrer selber aß es,
meinte stets, sein Tierchen fraß es.
Als nun lang der arme Schlucker
so geweidet seinen Zucker,
und sein Auge dran geweidet,
war ihm diese Lust verleidet.
Er begann es zu belecken,
und es mochte süß ihm schmecken,
und mit einmal war das Köpfchen
ab dem zuckernen Geschöpfchen.
Und wie's mit dem Haupt gelungen,
war das Ganze bald bezwungen.
Als er nun nicht mehr um Futter

kam zu betteln bei der Mutter,
merkte sie, daß was geschehen,
sprach: Laß mich dein Tierchen sehen!
Und der Sünder stand betroffen.
Mutter sprach: Ich will nicht hoffen,
daß du's habest aufgegessen?
»Mutter, nein! doch aufgefressen.«
Wie? gleich wilden Raubtierhorden?
»Ja! ich war der Wolf geworden;
weil du von dem Wolf doch immer
abends uns erzählst im Zimmer.«
Und du hast es ganz gegessen?
»Nur soviel der Wolf kann fressen,
Nur das Tierchen, nicht das Tännchen.
Aber gib mir nun das Männchen,
das will ich bewahren besser.«
Mutter sprach: Ein Menschenfresser
willst du werden ungeheuer?
Und das Kind ward rot wie Feuer.
Doch sie sprach: daß wir's verbessern,
weil ich doch von Menschenfressern
abends auch dir vorgetragen,
will ich's Männchen dir versagen,
daß nicht etwa gar, mein Kindchen,
du's verschlingest samt dem Flintchen.
Oder ob gesagt sie habe,
statt der Flinte: mit dem Stabe;
das kommt darauf an, ob Jäger
es gewesen oder Schäfer.

Friedrich Rückert

DER GOLDENE SCHLÜSSEL

Zur Winterszeit, als einmal ein tiefer Schnee lag, mußte ein armer Junge hinausgehen und Holz auf einem Schlitten holen. Wie er es nun zusammengesucht und aufgeladen hatte, wollte er, weil er so erfroren war, noch nicht nach Haus gehen, sondern erst Feuer anmachen und sich ein bißchen wärmen. Da scharrte er den Schnee weg, und wie er so den Erdboden aufräumte, fand er einen kleinen goldenen Schlüssel. Nun glaubte er, wo der Schlüssel wäre, müßte auch das Schloß dazu sein, grub in der Erde und fand ein eisernes Kästchen. »Wenn der Schlüssel nur paßt!« dachte er, »es sind gewiß kostbare Sachen in dem Kästchen.« Er suchte, aber es war kein Schlüsselloch da, endlich entdeckte er eins, aber so klein, daß man es kaum sehen konnte. Er probierte, und der Schlüssel paßte glücklich. Da drehte er einmal herum, und nun müssen wir warten, bis er vollends aufgeschlossen und den Deckel aufgemacht hat: dann werden wir erfahren, was für wunderbare Sachen in dem Kästchen lagen.

Brüder Grimm

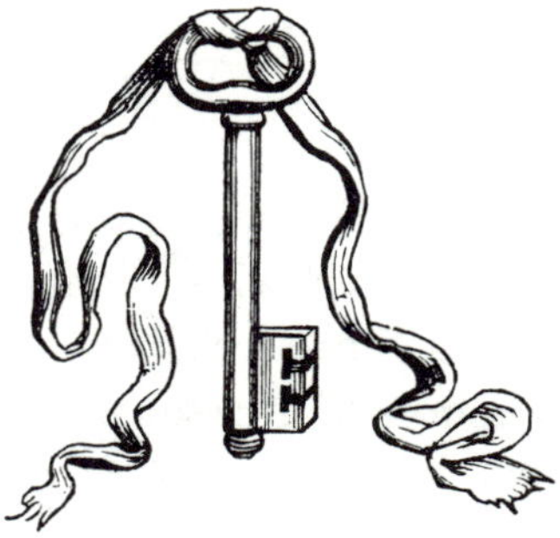

MORGEN, KINDER, WIRD'S WAS GEBEN

Morgen, Kinder, wird's was geben,
morgen werden wir uns freu'n!
Welch ein Jubel, welch ein Leben
wird in unserm Hause sein!
Einmal werden wir noch wach,
heißa, dann ist Weihnachtstag!

Wie wird dann die Stube glänzen
von der großen Lichterzahl!
Schöner als bei frohen Tänzen
ein geputzter Kronensaal.
Wißt ihr noch, wie vor'ges Jahr
es am Heil'gen Abend war?

Welch ein schöner Tag ist morgen!
Neue Freude hoffen wir.
Uns're guten Eltern sorgen
lange, lange schon dafür.
O gewiß, wer sie nicht ehrt,
ist der ganzen Lust nicht wert.

Wißt ihr noch die Spiele, Bücher
und das schöne Hottepferd,
schöne Kleider, woll'ne Tücher,
Puppenstube, Puppenherd?
Morgen strahlt der Kerzen Schein,
morgen werden wir uns freu'n!

Philipp von Bartsch

aus

DER KLEINE NIMMERSATT

Ich wünsche mir ein Schaukelpferd,
'ne Festung und Soldaten
und eine Rüstung und ein Schwert,
wie sie die Ritter hatten.

Drei Märchenbücher wünsch' ich mir
und Farbe auch zum Malen
und Bilderbogen und Papier
und Gold- und Silberschalen.

Ein Domino, ein Lottospiel,
ein Kasperletheater,
auch einen neuen Pinselstiel
vergiß nicht, lieber Vater!

Ein Zelt und sechs Kanonen dann
und einen neuen Wagen
und ein Geschirr mit Schellen dran,
beim Pferdespiel zu tragen.

Ein Perspektiv, ein Zootrop,
'ne magische Laterne,
ein Brennglas, ein Kaleidoskop –
dies alles hätt' ich gerne.

Mir fehlt – ihr wißt es sicherlich –
gar sehr ein neuer Schlitten,
und auch um Schlittschuh' möchte ich
noch ganz besonders bitten.

Und weiße Tiere auch von Holz
und farbige von Pappe,
und einen Helm mit Federn stolz
und eine Flechtemappe.

Auch einen großen Tannenbaum,
dran hundert Lichter glänzen,
mit Marzipan und Zuckerschaum
und Schokoladenkränzen.

Doch dünkt dies alles euch zu viel,
und wollt ihr daraus wählen,
so könnte wohl der Pinselstiel
und auch die Mappe fehlen.

Als Hänschen so gesprochen hat,
sieht man die Eltern lachen:
»Was willst du, kleiner Nimmersatt,
mit all den vielen Sachen?

Wer so viel wünscht« – der Vater spricht's –
»bekommt auch nicht ein Achtel –
der kriegt ein ganz klein wenig Nichts
in einer Dreierschachtel.«

Heinrich Seidel

FRIEDRICH SCHLEIERMACHER AN HENRIETTE VON WILLICH

Es wundert mich gar nicht, liebes Jettchen, daß ich Dir im Traume erschienen bin. Denn wenn ich immer viel an Euch denke, so ist es doch an der schönen Zeit um Weihnachten und Neujahr noch auf ganz besondere Weise geschehen. So lebendig bin ich um Euch gewesen und habe das schöne Fest der Kinder ganz eigen mit Deinem kleinen Liebchen gefeiert. Ich wäre so gern mit einer kleinen Freude sichtbar Euch erschienen, allein um es auf eine hübsche Weise zu machen, hätte es doch mehr vorbereitet werden müssen, als mir gegeben ist zu tun. Auch ich habe den Weihnachtsabend recht schön zugebracht bei Reichardts in Giebichenstein mit Steffens, habe geschenkt und mir schenken lassen. Aber wir Männer bleiben doch bei solchen Gelegenheiten immer im Rückstand; denn womit lassen sich die lieblichen Kleinigkeiten, von Euren eignen Händen gearbeitet, wohl aufwiegen?...

LIED DES NUSSKNACKERS

König Nußknacker, so heiß ich.
Harte Nüsse, die zerbeiß ich.
Süße Kerne schluck ich fleißig;
doch die Schalen, ei, die schmeiß ich
lieber andern hin,
weil ich König bin.
Aber seid nicht bang!
Zwar mein Bart ist lang
und mein Kopf ist dick
und gar wild mein Blick;
doch was tut denn das?

Tu kein'm Menschen was,
bin im Herzensgrund,
trotz dem großen Mund,
ganz ein guter Jung,
lieb Veränderung,
amüsier mich gern
wie die großen Herrn.
Arbeit wird mir schwer,
und dann mag ich sehr
frommen Kindersinn,
weil ich König bin.

Heinrich Hoffmann

CHRISTNACHT

Heil'ge Nacht, auf Engelschwingen
nahst du leise dich der Welt,
und die Glocken hör ich klingen,
und die Fenster sind erhellt.
Selbst die Hütte trieft von Segen,
und der Kindlein froher Dank
jauchzt dem Himmelkind entgegen,
und ihr Stammeln wird Gesang.

Mit der Fülle süßer Lieder,
mit dem Glanz um Tal und Höhn,
heil'ge Nacht, so kehrst du wieder,
wie die Welt dich einst gesehn,
da die Palmen lauter rauschten
und versenkt in Dämmerung
Erd und Himmel Worte tauschten,
Worte der Verkündigung.

Da mit Purpur übergossen,
aufgetan mit Gottes Hand,
alle Himmel sich erschlossen,
glänzend über Meer und Land;
da, den Frieden zu verkünden,
sich der Engel niederschwang,
auf den Höhen, in den Gründen
die Verheißung widerklang.

Da, der Jungfrau Sohn zu dienen,
Fürsten aus dem Morgenland
in der Hirten Kreis erschienen,
Gold und Myrrhen in der Hand;
da mit seligem Entzücken
sich die Mutter niederbog,
sinnend aus des Kindes Blicken
nie gefühlte Freude sog.

Heil'ge Nacht, mit tausend Kerzen
steigst du feierlich herauf!
O so geh in unsren Herzen,
Stern des Lebens, geh uns auf!
Schau, im Himmel und auf Erden
glänzt der Liebe Rosenschein:
Frieden soll's noch einmal werden
und die Liebe König sein!

Robert Prutz

DIE HIRTEN LAGEN AUF DEM FELD

Gesegnet sei die heil'ge Nacht,
die uns das Licht der Welt gebracht!

Wohl unterm lieben Himmelszelt
die Hirten lagen auf dem Feld.

Ein Engel Gottes, licht und klar,
mit seinem Gruß tritt auf sie dar.

Vor Angst sie decken ihr Angesicht;
da spricht der Engel: »Fürcht' euch nicht!

Denn ich verkünd' euch große Freud':
Der Heiland ist geboren heut!«

Vom Himmel hoch der Engel Heer
frohlockt: »Gott in der Höh' sei Ehr'!«

Da gehn die Hirten hin in Eil',
zu schaun mit Augen das ew'ge Heil,

zu singen dem süßen Gast Willkomm,
zu bringen ihm ein Lämmlein fromm.

Bald kommen auch gezogen fern
die heil'gen drei Kön'ge mit ihrem Stern.

Sie knien vor dem Kindlein hold,
schenken ihm Myrrhen, Weihrauch, Gold.

Eduard Mörike

WEIHNACHTEN BEI THEODOR STORM

Unser Vater war ein echter, rechter Weihnachtsmann, er wußte jedes Fest erst recht zu einem Feste zu gestalten. Den ganzen Zauber der Weihnacht seiner Kindheit wußte er in unsere Weihnacht zu übertragen. Und so feiern auch wir, seine Kinder, unsere Weihnachtsfeste ganz im Sinne unseres Vaters. Der Weihnachtsbaum wird genau so geschmückt, wie er einst von ihm geschmückt wurde, die Kuchen nach den althergebrachten Familienrezepten gebacken, wie sie schon sein Kinderherz entzückten.

Wenn das alte, liebe Weihnachtsfest wieder naht und ich mich in eine rechte Weihnachtsstimmung versetzen will, setze ich mich in der Dämmerung in einen tiefen Lehnstuhl. Von draußen wirft die Laterne traulich ein mattes Licht durch die Fenster. Ich schließe die Augen und bald bin ich daheim in unserem großen alten Hause in Husum in der Wasserreihe. Meine Geschwister und ich, wir sind wieder Kinder.

Es wird wieder einmal Weihnachten und wir Kinder leben in goldenen Träumen, bis das im Leben so seltene Wunder eintritt, daß diese Träume in dem brennenden Weihnachtsbaum verkörpert vor uns stehen. Draußen auf den stillen Wegen des Gartens, den Sträuchern und alten Bäumen, liegt glitzernder Schnee. Im ganzen Hause duftet es nach Tannen und braunen Weihnachtskuchen. Feststimmung guckt schon aus allen Ecken, wie eine Ahnung vom Weihnachtsabend.

Es weihnachtet sehr – die Heimlichkeiten wachsen mit jedem Tage. Vater schließt sich immer häufiger in seiner Studierstube ein; und wir Kinder, die wir um die Zeit der heiligen Weihnacht gerne an den Türen lauschen, hören ihn die Tür des Nußbaumschrankes öffnen und leise wieder schließen. Dieser Nußbaumschrank birgt in seinem Innern alle Geheimnisse und Wunder fürs Weihnachtsfest. In einem unbewachten Augenblick treten wir doch ins Zimmer. Vater schließt schnell den Schrank, dann nimmt er uns in seine Arme, macht ein geheimnisvolles Gesicht, sieht uns innig an und sagt mit leiser Stimme nur das eine Wort »Weihnachten«.

In der Eßstube ist großes Kuchenbacken. Unsere Mutter und die Mädchen stehen mit aufgekrempelten Ärmeln. Sie rollen weißen und braunen Kuchenteig aus, der in großen Steintöpfen um den Ofen herum steht. Große schwarze Platten stehen bereit, die verschieden geformten Kuchen aufzunehmen, die dann von den Mädchen zum Bäcker getragen werden.

Auch wir Kinder haben unseren Teil bekommen. Wir stehen an unserem kleinen Kindertisch, ein weißes Nachthemd über unsere Kleider, ein gezipfeltes Taschentuch auf dem Kopfe. Jedes von uns hat ein Klümpchen weißen und braunen Kuchenteig vor sich, der bald unter unseren geschäftigen kleinen Händen in die wunderbarsten Dinge gewandelt wird. Die Tür öffnet sich und unser Vater tritt mit dem freundlichsten Leuchten seiner blauen Poetenaugen ins Zimmer.

»Ihr seid ja alle gewaltig in der Fahrt«, neckt er und bewundert unsere herrlichen Schöpfungen, von denen man meistens nicht zu erkennen vermag, was sie vorstellen sollen. Es beginnt nun ein heimliches Geflüster zwischen Vater und uns und es gelingt uns, Vater einige kleine Weihnachtsüberraschungen verraten zu lassen, was unsere Freude am Weihnachtsabend keineswegs verringert.

»Morgen wollen wir vergolden und Netze schneiden«, spricht Vater verheißungsvoll.

Wenn wir in ein bestimmtes Alter gekommen waren, durften wir vergolden helfen und Netze schneiden. Die langen, schmalen Streifen Rauschgold wurden freilich nur von unserem Vater geschnitten, mit seiner großen, alten Papierschere, die ich so deutlich vor mir sehe. –

Morgen ist heute geworden und Vater nimmt uns mit in seine Studierstube. Die dunkle Holztäfelung der Decke, die tiefrote, behagliche Färbung der Wände, an denen rings herum Bücherregale laufen, und über dem Tische die helle leuchtende Lampe schauen uns behaglich und gar verheißungsvoll an. Auf dem Tisch ausgebreitet liegen Nüsse, Tannenzapfen, Eier und Schaumgold. Wir setzen uns alle um den Tisch und beginnen nach Vaters Anordnung Watte in Eiweiß zu tauchen, mit der wir vorsichtig die Nüsse und Tannenzapfen betupfen. Dann wird ein Stück Schaumgold auf die befeuchtete Stelle gelegt und vorsichtig mit Watte abgetupft. Nun werden zwölf Netze vom feinsten weißen Konzeptpapier geschnitten. Uns Kindern klopft das Herz dabei: »Wenn wir nun die Spitzen abschneiden!« In die Netze kommen große, viereckige Zuckerl, die wir altem Herkommen gemäß in farbige Papiere wickeln, die durchaus die Farben: Grün, Gold und Hausrot haben müssen.

Auf diese Netze, in denen schon seine Kinderträume hingen, legte unser Vater besonderen Wert. Wer von uns zum ersten Male in seinem kleinen Leben ein solches wunderbares Netz tadellos ausgeführt hatte, kam sich vor, als sei er nun erst ein fertiger kleiner Mensch geworden.

Die weißen Netze sind geschnitten und tadellos zu unseres Vaters innigster Befriedigung ausgefallen. Goldene Nüsse, Eier und Tannenzapfen heben sich leuchtend von der dunklen Tischplatte ab. Wir Kinder stehen ermüdet auf und wollen zu Bett gehen. Vater tritt ans Fenster, öffnet weit beide Flügel. – Der Mond scheint und wir Kinder sehen deutlich zwischen Vaters ausgebreiteten Armen in den beschneiten Garten. Da spricht Vater mit leiser, wie von Musik getragener Stimme:

»Mondbeglänzte Zaubernacht,
die den Sinn gefangen hält,
wunderbare Märchenwelt,
steig auf in der alten Pracht!«

Wir gehen still und nehmen den Zauber dieser Stimmung mit in unsere Träume, aus denen wir mit dem seligen Bewußtsein erwachen: »Heute ist er, der heilige Abend.« Nun beginnt ein buntes Treiben im Hause. Vater trägt alle seine Schätze selbst ins Weihnachtszimmer, in dem die zwölf Fuß hohe Tanne schon ihres Schmuckes wartet. Wir Kinder schmücken in unserer Kinderstube ein kleines, bescheidenes Bäumchen für arme Kinder. Wir haben ihn von unserem eigenen Gelde erstanden. Vater und Mutter schließen sich unten ins große Weihnachtszimmer ein, gleich wenn man in den Flur tritt links, und der Märchenbaum fängt an sich zu entfalten. Die Brüder Hans und Ernst kommen heim und Karl, unser stiller Musikant. Heute muß Vater alle seine Kinder um sich versammelt haben, um ein rechtes Weihnachtsgefühl zu empfinden. Die Fenster der Weihnachtsstube sind dicht verhangen, die vielen Türen, die ins Reich der Weihnachtswunder führen, verschlossen. Wir schleichen an die Fenster und knien vor den Türen. Meine jüngste Schwester, Dodo, hat ein besonderes Talent, mit unserer Mutter, verborgen in die Falten ihres Kleides, in die Weihnachtsstube zu schlüpfen.

Vom frühen Morgen an kommen Scharen von Kindern, die von Haus zu Haus ziehen und im Flur ihre hellen Kinderstimmen ertönen lassen: »Vom Himmel hoch, da komm' ich her.« Ein großer Korb mit Wasserkringeln steht schon bereit, mit denen die kleinen Sänger belohnt werden. Mittags wird nach althergebrachter Sitte Kaffee getrunken und Butterbrot gegessen. Der Kaffeekanne entströmt an diesem Tage ein wundersamer Duft, so duftet er nur einmal im Jahr; und die Butterbrote schmecken uns wie der schönste Kuchen.

Am Nachmittag wandern wir Kinder, jedes ein Körbchen am Arm, ins Kloster St. Jürgen. Wir wollen zwei alte Großtanten dort bescheren, »Tante Anna und Tante Christine«. Tante Anna wird von uns bevorzugt. In ihrem kleinen, behaglichen Altjungfernstübchen liegen wir schließlich auf der Erde vorm offenen Ofen und schauen in die rote Glut der verglimmenden Kohlen. Die liebe alte Tante sitzt im alten Lehnstuhl neben uns, ihr feines altes Gesicht von einer weißen Spitzenhaube umrahmt. Sie erzählt uns altmodische Kindergeschichten, an die sich immer eine Moral knüpft. Wir hören aufmerksam zu, knacken dabei Nüsse und werfen die Schalen in die rote Glut – das knistert so schön. – So vergeht die Zeit – vom Kirchturm drüben schlägt es halb fünf. Tante Anna hüllt uns sorgsam in unsere warmen Mäntel und Kapuzen und fort geht es.

Auf den Straßen liegt tiefe Dämmerung, der Schnee knirscht unter unseren Füßen. Schwärme von Kindern begegnen uns, hier und dort dringt aus einer geöffneten Haustür Gesang zu uns heraus. Wir fassen uns an den Händen und laufen und kommen atemlos heim. Im Flur bleiben wir stehen und singen, als gehörten wir zu den Sängern. Die Köchin kommt aus der Küche gelaufen mit den üblichen Wasserkringeln. Sie jagt uns lachend und scheltend in die Kinderstube. Wir werden nun festlich geschmückt und gehen dann in die Studierstube unseres Vaters, wo wir schon unsere Großmutter mit ihrer getreuen Lebensgefährtin, von uns »Tante Tine« genannt, und zwei alte Freunde des Hauses in behaglichem Geplauder vorfinden.

Seit dem Tode unseres Großvaters schaut Großmutter unserer Bescherung zu. Großvater war zwar niemals bei der Bescherung zugegen, aber wir wußten doch, er saß währenddessen behaglich in seinem Kontor und freute sich über die kleinen Sendungen an Geld und Lebensmitteln – meistens Rauchfleisch – die er von dort aus an Kinder und Schwiegerkinder gespendet hatte.

Nun auch er in das Land der Vergangenheit gegangen ist, läßt die bunte Kinderfreude diesen Abend der Erinnerung sanft für unsere alte Großmutter vorübergehen.

Endlich ertönt der Klang der silbernen Glocke. Wir stürzen die Treppe hinunter, die Flügeltüren fliegen auf, wir treten ein, jung und alt. Ein starker Duft von Tannen, brennenden Lichtern und braunen Weihnachts-

kuchen schlägt uns entgegen – und da steht er, der brennende Baum, im vollen Lichterglanz! Ich will ihn mit meines Vaters eigenen Worten schildern:

»Mit seinen Flittergoldfähnchen, seinen weißen Netzen und goldenen Eiern, die wie Kinderträume in den dunklen Zweigen hängen.« Oder wie er in einem Brief an Freund Keller geschildert wird: »Der goldene Märchenzweig, dito die Traubenbüschel des Erlensamens und große Fichtenzapfen, an denen lebensgroße Kreuzschnäbel von Papiermaché sich anklammern. Rotkehlchen sitzen und fliegen in dem Tannengrün und eines sitzt und singt bei seinem Nest mit Eiern. Feine weiße Netze, deren Inhalt sorgsam in Gold und andere in Lichtfarben gewählte Papiere gewickelt ist.«

Der Märchenzweig ist eine Erfindung meines Bruders Ernst. Ein großer Lärchenzweig ist ganz vergoldet und so in der Mitte des Baumes befestigt, daß er seine schlanken, feinen Zweige nach allen Seiten ausbreitet. Ein Freund unseres Hauses, Regierungsrat Petersen, der derzeit in Schleswig lebte, taufte den so vergoldeten Zweig »Märchenzweig«. Freund Petersen und Vater tauschten alle Jahre kleine Weihnachtsüberraschungen aus. In einem Jahre brachte er Vater kurz vor Weihnachten das erste Paket »Lametta«. Vater schreibt darüber:

»Unser Tannenbaum hat in diesem Jahr besonderes Aufsehen erregt. Freund Petersen brachte am Sonntag vor Weihnachten eine Tüte märchenhafter Silberfäden. Mit diesen feinen Silberfäden wurde der Baum umsponnen, daß er aussah, wie fliegender Sommer.«

Unser Karl setzt sich ans Klavier und stimmt leise an: »Stille Nacht, heilige Nacht«. Wir alle stimmen ein. Das Weihnachtslied ist verklungen, wir umstehen den Baum und lassen die Wunder der Weihnacht still auf uns wirken. Vater nickt uns bewegt zu, legt den Arm um unsere Mutter und führt wie immer sie zuerst zu ihren Gaben, die geheimnisvoll umhüllt sind. Mitten auf dem Tisch steht zu Mamas grenzenloser Verwunderung Vaters Pelzmütze. Mama erfaßt sie zögernd, ihr Blick hängt fragend an dem unseres Vaters – und hervor rollt eine große Papierkugel. Ein Papier nach dem andern wird abgewickelt, bis sich schließlich in einem kleinen Kästchen verborgen ein feiner, goldener Ring dem erstaunten Blick zeigt. Eine Schlange, die sich in den Schwanz beißt, ein solcher Ring war ein langgehegter Wunsch meiner Mutter. Vater erwartet leuchtenden Auges die Wirkung seiner Überraschung. Meine Schwester Ebbe sagte einmal bei solcher

Gelegenheit: »Vater hat ein Weihnachtslicht in den Augen.« Nun führt Vater jedes seiner Kinder zu ihren Gaben, uns kleine zuerst. Puppen – wohin wir sehen, kleine und große – und Bücher, die durften niemals auf unserem Weihnachtstisch fehlen.

Wir haben uns müde gespielt – wir nehmen unsere Weihnachtsbücher und setzen uns im trauten Schein des Lichterbaumes und lesen. Gar verführerisch ist es, heimlich ein Stückchen Zuckerwerk abzuzupfen und es ebenso heimlich zu verzehren. Vater tritt leise zu uns unter den Tannenbaum, streicht uns sanft mit seiner schönen schlanken Hand übers Haar und fragt: »Hab' ich's getroffen?«

Nachdem sich das erste Entzücken gelegt hat, bringt die Köchin das messingene Kohlenkomfort, auf dem gar bald der blitzblank geputzte Teekessel ein melodisches Lied anstimmt; und der Duft feinsten Tees vermischt sich mit dem der Tanne und der braunen Weihnachtskuchen. Die beiden Mädchen in den gleichen maiengrünen Festgewändern, mit Häubchen und blendend weißen Schürzen angetan, bringen den Tee herein, wir Kinder den knusperigen Weihnachtskuchen. So sitzen wir recht traut beisammen.

Da erklingt von draußen, vom Vorplatz, der Gesang einer tiefen, melodischen Altstimme zu uns herein:

»O du fröhliche,
o du selige,
gnadenbringende Weihnachtszeit.«

Ein helles Leuchten verklärt das liebe Angesicht unseres Vaters, er steht leise auf, öffnet die Tür und zieht ein gar liebliches, kleines Bettelmädchen herein.

Das Kind, mit von der Kälte geröteten Wangen, strahlenden Kinderaugen, das Gesichtchen von blonden Locken umrahmt, bleibt stumm und wie verzaubert im Türrahmen stehen.

Wir alle umstehen sie, sie muß noch einmal ihre glockenreine Stimme hören lassen. Dann erfaßt Vater eines ihrer schmutzigen kleinen Händchen und fragt sie liebreich:

»Was willst du nun haben, etwas zu essen oder Kuchen?«

»Danke, ich habe schon gegessen«, spricht das Kind zu unserer grenzenlosen Freude. Da heißt mein Vater sie, ihr Schürzchen auftun, Mütterchen

Röhling
O du fröhliche, o du selige, gnadenbringende Weihnachtszeit!
Welt ging verloren, Christ ist geboren:
Freue, freue dich, o Christenheit.

nimmt vom Tisch einen vollen Teller Weihnachtskuchen und schüttet sie in die ausgebreitete Schürze.

Voll leuchtenden Dankes schaut das Kind zu Mütterchen auf, wirft noch einen scheuen Blick auf all den Lichterglanz und die strahlenden Gesichter und fort ist sie, die kleine Lichtgestalt; denn so erscheint sie uns trotz ihrer Lumpen.

Die Lichter sind erloschen, die glitzernde Pracht des Baumes leuchtet nur noch im matten Dämmerlicht der Lampen. Unsere Mutter ruft zum Festessen. Wir Kinder trennen uns schweren Herzens vom Tannenbaum, unseren Puppen und Büchern. Sauerbraten und ein großer Apfelkuchen – Tante Moritz geheißen – bilden das Festessen, Punsch, nach Vater kurzweg »Landvogt« genannt, ist das Festgetränk.

Wir alle sitzen an unseren Plätzen, der Punsch ist in die Gläser geschenkt, Vater erhebt sein Glas, er nickt uns allen voll innigster Befriedigung zu und sendet dann in einem kleinen Trinkspruch »einen vollen Gruß seiner Liebe« allen denen, die seinem reichen, liebevollen Herzen nah, an diesem Abend aber ferne von ihm sind. Der Apfelkuchen wird aufgetragen, nach dem unsere begehrlichen Kinderaugen schon lange ausschauen.

Einer der alten lieben Weihnachtsgäste wirft an jedem Weihnachtsabend zu unserer heimlichen Freude die Frage auf: »Ist das nicht Tante Moritz?« Und jedesmal folgt gleich die Antwort: »Ja, das ist Tante Moritz.«

Von Tante Moritz ist nach einer Weile keine Spur mehr und nun geht es noch einmal zurück ins Weihnachtszimmer. Jeder von uns folgt seinen besonderen Neigungen. Meine Brüder ergreifen mit einem wahren Festtagsausdruck ihrer blauen Augen die neuen Bücher und ziehen sich mit ihnen in irgend einen Schmunzelwinkel zurück. Wir Kinder nehmen unsere Puppen auf den Schoß und lauschen; denn Karl, unser Musikus, singt uns ein neueinstudiertes Lied von Robert Franz:

»Einen schlimmen Weg ging gestern ich,
einen Weg, den ich nicht wieder geh,
zwei süße Augen trafen mich,
zwei süße Augen, lieb und blau.«

Karl hat einen wunderbaren Bariton und singt einfach, mit tief zu Herzen gehendem Vortrag. Zum Schluß spielen Karl und meine Schwester Lisbeth »Nußknacker und Mäusekönig« von Karl Reinicke. Vater liest die Worte dazu. So ist es immer bei uns.

Lautlos lauschen wir alle, eine träumerisch-selige Stimmung umfängt uns. Der letzte Ton das letzte Wort ist verklungen. Unsere Mutter mahnt leise zum Schlafengehen. Draußen vor den Fenstern stäubt der Schnee; aber während wir Kinder bald in einen tiefen Schlaf fallen, machen die Eltern und großen Geschwister noch einen Besuch im brüderlichen Hause in der Süderstraße.

Jahre kommen und gehen. Es ist unserm lieben Vater nicht mehr vergönnt, alle seine Kinder um den heimatlichen Weihnachtsbaum zu versammeln. Statt dessen werden Kisten gepackt und Pakete gemacht und Weihnachtsbriefe geschrieben. An Hans nach Wörth in Bayern, wo er als Arzt lebt, an Ernst nach Toftlund und an Lisbeth nach Heiligenhafen. Sie haben sich inzwischen selbst ein Heim gegründet und schmücken dort ihren Kindern den Baum.

Und Vater klagt in einem Brief an seine Tochter Lisbeth: »So haben wir denn das Weihnachtsfest gehabt; und ich fühle es recht schmerzlich, daß wir gar so getrennt sind. Es ist sehr schön, der Mittelpunkt einer großen Familie zu sein, aber recht schwer, wenn so ein alter Mensch sich in so viele Teile spalten soll. Für mich fehlen zu viele von Euch, als daß das Weihnachtsgefühl so recht hätte aufkommen können.«

Noch einmal, ein letztes Mal, wird es für unseren lieben Vater »Weihnachten«. Zum ersten Male fehlt eines seiner Kinder ganz, auch seine liebevollsten Gedanken vermögen es nicht mehr zu erreichen. Unser ältester Bruder Hans ist von uns gegangen. Der Baum steht noch einmal in vollem Lichterglanz, die Flügeltüren öffnen sich weit. Vater legt den Arm um Mütterchen, wir, die wir keine Kinder mehr sind, umstehen das Klavier und Karl stimmt leise an: »Stille Nacht, heilige Nacht.« Wie wir an die Stelle kommen »Schlaf in himmlischer Ruh«, da breitet Vater weit die Arme aus, Tränen stürzen aus seinen lieben Augen und leise hören wir ihn die Worte sprechen: »Unten in Bayern, da ist ein einsames Grab, darüber weht der Wind und der Schnee fällt in dichten Flocken drauf.«

Wir singen nicht weiter, wir gehen zu ihm und nehmen sanft seine lieben Hände; und eine schmerzliche Ahnung, daß wir wohl so zum letzten Male mit unserem lieben kleinen Vater unter dem brennenden Lichterbaum stehen, durchzittert unsere Herzen. So endete das letzte Weihnachtsfest mit unserem Vater.

Gertrud Storm

O DU FRÖHLICHE, O DU SELIGE

O du fröhliche, o du selige,
gnadenbringende Weihnachtszeit!
Welt ging verloren,
Christ ist geboren:
Freue, freue dich, o Christenheit!

O du fröhliche, o du selige,
gnadenbringende Weihnachtszeit!
Christ ist erschienen,
uns zu versühnen:
Freue, freue dich, o Christenheit!

O du fröhliche, o du selige,
gnadenbringende Weihnachtszeit!
Himmlische Heere
jauchzen dir Ehre:
Freue, freue dich, o Christenheit!

Johannes Daniel Falk

O LIEBE LEUT, LASST EUCH SAGEN

O liebe Leut, laßt euch sagen,
der Hammer, der hat zwölf geschlagen;
merkt auf, was ich euch jetzt verkünd:
Es ist geboren ein kleines Kind,
welches Messias wird genannt
und all' erlöst von Teufels Band.
Die Altväter hat Gott erhört,
der Himmelstau fiel heut' auf die Erd';
seht, Gottes Sohn vom Himmelreich
liegt hier als Gott und Mensch zugleich.
Betet an und fallet nieder hier
und danket Gott aus Lieb' dafür!
Gelobt sei Gott, Maria fein,
samt neugeborenem Jesulein!
Bereut die Sünd', ach tuet Buß:
Gelobt sei Jesus Christus! –
Hat zwölf geschlagen! –

Steirisches Nachtwächterlied

BETTINA VON ARNIM
AN IHRE SCHWESTER KUNIGUNDE VON SAVIGNY

Liebe Gunda!

Das kannst Du denken, daß Deine Kiste mit großer Gewissenhaftigkeit uneröffnet blieb bis zum Augenblick der Bescherung. Jede genießbare Delikateß wurde mit lautem Jubel empfangen, wir wollten recht ein festlich Mahl halten und machten den Beding, daß gar nichts solle verspart werden. Wie kam's nun, daß wir miteinmal allesamt darauf vergaßen und keiner mehr Appetit darauf hatte, sondern in dem plötzlich alle Grenzen übersteigenden Jubel sich einer um den andern drehte, Prügel austeilte, die ebenso begeistert empfangen als gegeben wurden? Luftsprünge, die nur mit größter Energie auszuführen, gelangen allen drei Mädchen, als hätten sie lernen auf dem Seil tanzen, und Friedmund mischte sich dazwischen mit kühnen Fechterpositionen, indem er seine Oberkleider von sich warf und mit beiden Armen weit ausgriff; sang dazu: »Seid umschlungen, Millionen!« Dazwischen tanzten sie wieder, schrien, jauchzten, tobten, daß die Wände zitterten, umarmten sich und prügelten wieder drauf los. Ich hab auch eine Menge Prügel erhalten, und endlich freuten sie sich noch mehr, daß jeder seine Prügel fühle. Gisel behauptete, sie müsse braun und blau sein, die andern ließen sich aber auch ihre Prügel nicht verringern, kurz jeder war zufrieden mit dem, was er erhalten hatte; jeder war überzeugt, er habe das meiste von dieser allgemeinen Prügelausteilung. Kann eine Bescherung glücklicher vonstatten gehen? Ja, sie riefen: Nie haben wir ein so schönes Weihnachtsfest erlebt! Ausgeteilt wurde alles von Kuchen an das Hofgesinde; denn wir hatten keinen Appetit mehr, aller Geschmack war uns vergangen, aber Klopfen, Jauchzen, auf den Tisch pauken nahm kein Ende...

Deine in der Empfindung ihres Glückes
Dich doppelt liebende Schwester Bettine.

Am Weihnachtsfest 1846

WEIHNACHTEN

Bäume leuchtend, Bäume blendend,
überall das Süße spendend,
in dem Glanze sich bewegend,
alt- und junges Herz erregend –
solch ein Fest ist uns bescheret,
mancher Gaben Schmuck verehret;
staunend schaun wir auf und nieder,
hin und her und immer wieder.

Aber Fürst, wenn dirs begegnet
und ein Abend so dich segnet,
daß als Lichter, daß als Flammen
vor dir glänzten allzusammen
alles, was du ausgerichtet,
alle, die sich dir verpflichtet:
Mit erhöhten Geistesblicken
fühltest herrliches Entzücken.

Johann Wolfgang von Goethe

DIE MUTTER AM CHRISTABEND

»Er schläft, er schläft! Das ist einmal ein Schlaf!
So recht, du lieber Engel du!
Tu mir die Lieb' und lieg in Ruh,
Gott gönnt es meinem Kind im Schlaf!

Erwach mir nicht, ich bitt', ich bitt'!«
Die Mutter geht mit stillem Tritt,
sie geht mit zartem Muttersinn,
und holt den Baum zur Kammer hin.

»Was häng' ich dir denn an?
'nen Pfefferkuchenmann,
ein Kätzelchen, ein Spätzelchen,
und Blumen bunt und süß und weich,
und alles ist von Zuckerteig.«

Genug, du Mutterherz!
Viel Süßigkeit bringt Schmerz.
Gib sparsam wie der liebe Gott.
Tagtäglich nützt kein Zuckerbrot.

»Jetzt rote Äpfel her,
die schönsten, die ich haben kann!
Es ist auch nicht ein Fleckchen dran,
wer hat sie schöner, wer?«

S' ist wahr, es ist 'ne Pracht,
was so ein Apfel lacht.
Der Zuckerbäcker wär' ein Mann,
der solchen Apfel machen kann!
Den hat nur Gott gemacht.

»Was hab' ich denn noch mehr?
Ein Tüchelchen, hübsch weiß und rot,
es ist eins von den schönen,
o Kind, vor bittren Tränen
bewahr' dich Gott, bewahr dich Gott!

Was häng' ich sonst noch hin?
Dies Büchlein, Kind, ist auch noch dein,
da leg' ich Bilder dir hinein,
Gebete sind von selber drin.

Jetzt wär' genug wohl da? –
Jetzt hast du alles Gute –
der Tausend! Ja, 'ne Rute,
die fehlte noch, da ist sie ja!

Vielleicht – sie freut dich nicht,
vielleicht – sie schlägt die Haut dir wund,
so manchem war es schon gesund,
sei gut, so schlägt sie nicht.

Fängst du danach es an,
in Gottes Namen sei es drum!«
Die Mutterlieb ist zart und fromm,
sie windet rote Bänder um
und macht ein Schleifchen dran.

»Jetzt wär' er ausstaffiert,
wie'n Kirmesbaum geziert.
Dann heißt es, wenn der Tag erwacht,
das Christkind hat den Baum gebracht.

Mir dankst du nicht dafür.
Wer's gab, wer sagt es dir?
Doch macht es dir nur frohen Mut,
und schmeckt es dir, so ist es gut.

Rief da der Wächter nicht
schon elf? Wie doch die Zeit verrinnt!
Man merkt die Stunden nicht,
wenn's Herz an etwas Nahrung findt.

Jetzt – Gott behüte dich,
ein ander Mal denn mehr!
Heut war es, wo der heil'ge Christ
ein Kind wie du geworden ist.
Werd auch so brav wie er!«

Robert Reinick
nach Johann Peter Hebel

DIE CHRISTNACHTSCHICHT

Wütend fegte der kalte Ost in die offene Flanke des Erzbergs und unerbittlich knickte er hoch oben im dunklen Tannicht, das die freundliche Siedlung Eisenerz umgibt, manch grünen Wipfel, der seine Schneelast gern länger getragen hätte. Aber dunkler noch als die schwarzen Wolkenknäuel, die an jenem Weihnachtstage anno 1661 den Himmel bedeckten, beschatteten Kummer und Elend ein verschüchtertes Frauenantlitz, das aus einem der Fenster der schmucken Häuerhütte den starren Blick hinaus sandte, über den Kirchturm und die hohen Schornsteine hinweg zum wilden Jäger, der nun in den Lüften sein schauriges Unwesen trieb.

Denn schuldlos, völlig schuldlos, mußte Margarete absichtliche Kränkung und beständige Einsamkeit ertragen; und der Himmel war taub, taub ihrem Gebete und ihren Seufzern gegenüber.

So war es in den ersten drei Jahren ihrer Ehe nicht gewesen. Jakob hatte brav und fleißig gearbeitet, er war mäßig und sparsam, genau so wie damals, als Margarete, des reichen Gewerkes Magd, in die weltferne Gegend gekommen war. Schier unglaublich: Jetzt, seit Jahr und Tag, wo ihnen ein gesundes Knäblein beschert worden, war mit dem Vater ein böser Wandel vorgegangen. Drei Verführer hatten den Armen in ihre Netze bekommen und ließen von ihm nimmer ab: Lukas, der schwarzlockige, dunkeläugige Gesell aus dem Welschland, der Wein und das Knöchelspiel. Und doch hatte sie alles getan, um Jakobs Heim so schön und traulich einzurichten, als nur immer möglich! Und der Bub war ja auch da und trippelte in seiner kleinen knospenden Welt so zierlich umher, lachte so froh und plauderte sich so unschuldsvoll und so fröhlich in alle Herzen hinein.

Ja, wenn der »Berti« nicht gewesen wäre! Mehr als einmal war sie daran, dem Zank und Streit, den Vorwürfen und Drohungen für immer zu entrinnen, ihrer gepeinigten Seele ein Ruheplätzchen, ihrem wunden Herzen einen Balsam zu erwählen, dort unten, neben der steinigen Straße, im tiefen, mitleidsvollen See.

Und heute, am heiligen Abend, hatte er ihr das angetan! Von dem Wenigen, das er ihr für den Haushalt gab, hatte sie gespart und gespart, um ihm doch wieder eine Freude zu bereiten, um ihn vielleicht doch wieder durch ihre Liebe für Heim und Herd zu gewinnen. Und dennoch – alle Freude verdorben. Gar dem Kinde! Und jetzt hatte sie den Berti zu Bette gebracht. Mitten auf dem Tisch in der Küche, unbeachtet, stand das Kripplein mit

dem Jesuskind, stand die Schüssel mit den »Kletzen«, den Äpfeln und Nüssen und davor Jakobs Gedeck. Auf dem grünen irdenen Teller unberührt der Fisch, daneben der Honigkuchen und das Kletzenbrot, das sie selber gebacken. Das Weib getraute sich nicht, zum Tische hinzuschauen; war ihr doch, als hätte sie das Mahl für einen Verstorbenen hingestellt.

Da trat Margarete plötzlich von dem Auslug zurück: In dem Lichterschein vor der Taverne zeigte sich ein dunkler Punkt, dann noch einer. Sie schlug Feuer, entzündete den Docht, tat den Schwimmer in den Behälter und – da war Jakob. Gottlob, allein. Ihre Freude war voreilig gewesen. Schwer betrunken wankte der Mann über die Schwelle, reckte sich und streckte sich – nein, fiel auf die Bank hin. Und als Margarete demütig, wie sie gewohnt war, eilte, die feuchten Stiefel herunterzuziehen, um ihm in die Holzschuhe hineinzuhelfen, da polterte er zornig und fluchte: »Du bist's schon wieder? Was tust noch auf? Den Teufel hinein! Kann ich meine Ruh nicht haben?« Das Weib fuhr zusammen, sie zitterte am ganzen Leibe, aber sie bezwang sich wie so oft. Ihre stille Ergebung brachte ihn erst recht in Harnisch; er schlug mit der geballten Faust auf den Tisch – und da geriet das Kripplein ins Wanken, bekam das Übergewicht und stürzte auf den Boden hinab. Margarete sprang hinzu, richtete es auf und stellte es in die Ecke auf das Herdmäuerlein. Dann ging sie in die Kammer, um nachzusehen, ob das Kind über dem Lärm und dem Geklirre nicht wach geworden sei. Und wie sie zurücktrat in den Raum, erblickte sie den Zornmütigen, der aufgestanden war. Er hatte sich anders besonnen und rüstete sich mit seinem Werkzeug aus, als wolle er ins Tagewerk.

»Jakob, wo gehst du hin? Um Gottes willen, du wirst doch nicht arbeiten heute! Weihnacht ist! Willst richtig alles Elend über uns bringen? Wenn schon ich dir nichts mehr bin, denk an den Berti, an unser Kind!« Der Häuer schnitt kurz ab: »Mit solchen Reden kommst mir zurecht! Ruh will ich vor dir haben! Du einfältiges Ding!«... und draußen war er. Und er stapfte durch den dichten Schnee seinen gewohnten Weg, zum Erzberg hinauf.

An Ort und Stelle zündete er seine Grubenlampe an, fuhr in die zu dieser Stunde ganz verlassene Grube ein und begann das Gestein auszubrechen. Eine Weile hatte Jakob schon darauf losgehämmert, da merkte er zu seinem Staunen, daß das Häuflein Kies zu seinen Füßen eher ab- denn zunahm, daß sein Werk nicht fortschreite. War sein Hammer stumpf geworden? Der Häuer verdoppelte die Kraft seiner Schläge; das Gestein zeigte sich nicht gefügiger. Kaum, daß hie und da ein Funken stob; ja zuweilen kam es ihm vor, als schlüge er mit aller Gewalt in ein einziges tiefes Loch, das vor ihm klaffte. Er biß die Zähne zornig aufeinander und wechselte wiederholt den Platz – es ging hier und dort nicht besser. Müde vor Anstrengung, schloß er die Augen, der Schweiß perlte ihm von der Stirne, es schwindelte ihn; und er mußte sich an der Wand festhalten, um nicht niederzusinken. Es war gegen Mitternacht, da vernahm der Gottlose hart neben sich ein Knistern und Rascheln, ein Tuscheln und Flüstern; und da fuhren seltsame Gestalten wie der Blitz aus einer Felsenwand heraus, grinsten ihn an und verschwanden wieder. Und eines der gespenstigen Männlein hörte er sagen:

»Gehn wir's unsern Gspannl sagen,
daß' uns helfen Boanl nagen!«

Und immer andere Spukgestalten huschten an ihm vorbei. Da kam Jakob zur Besinnung. Vor Schreck hatte er die Grubenlampe fallen lassen; und es war ihm gar ängstlich zumute, als ihn die schwarze Finsternis umgab. Ach und jetzt wußte er erst, daß er durch seine Arbeit den heiligen Abend entweiht und die Bergmandeln heftig erzürnt hatte. Und er wußte, welche Strafe ihm bevorstand und daß es ihm an sein armseliges Leben gehen werde. In namenloser Angst warf er sich auf die Knie und gelobte Besserung. Darauf erhellte ein glänzender Schein den dunklen Stollen und zugleich trieb es den Knappen mit unwiderstehlicher Gewalt vorwärts. Plötzlich stieß er mit dem Rücken an eine »Fahrt« – so nennen die Bergleute jene Leitern, die in den Schächten nach aufwärts oder in die Tiefe führen – und zugleich sah er ein liebliches Kindlein im weißen Hemd langsam an ihm vorüberschweben; und es blickte ihn mit freundlichen Augen an. Und wieder ward es dunkel im Stollen. Doch der Knappe, der jetzt schnell die Fahrt hinanstieg, hörte noch immer das Flüstern und Tuscheln der Bergmännchen hinter sich. Oben angelangt, sah Jakob in der Tiefe einen bläulichen Schein aufleuchten; zahlreiche Kobolde, mit blitzenden Messerklingen in den Händen, machten sich daran, gleichfalls die Fahrt zu besteigen und ihn zu verfolgen. Mit Mühe und Not erreichte er den Ausgang. Nun er die freie Luft einatmete und den gestirnten Himmel über sich leuchten sah, fühlte er sich mit einem Male frei und glücklich wie damals, als er noch gut und unverderbt gewesen. Jakob machte sich auf den Heimweg; er war ein anderer geworden.

Als er seine Hütte betrat, läuteten eben die Glocken die Christmette ein. Was er jedoch in dieser Christnacht im Erzberg erschaut und erlebt hatte, erzählte er erst ein Jahr später, da er als treuer Hauswirt mit den Seinen wieder vor dem Kripplein saß.

Karl Gebhardt

WEIHNACHTSODE

Die Nacht ist hin, nun wird es Licht,
da Jakobs Stern die Wolken bricht.
Ihr Völker hebt die Häupter auf
und merkt der goldnen Zeiten Lauf!

Du süßer Zweig aus Jesse Stamm,
mein Heil, mein Fürst, mein Schatz, mein Lamm,
ach, schau doch hier mit Freuden her,
wie wenn mein Herz die Wiege wär!

Ach komm doch, liebster Seelenschatz!
Der Glaube macht dir reinen Platz,
die Liebe steckt das Feuer an,
das auch den Stall erleuchten kann.

Ihr Töchter Salems, küßt den Sohn!
Des Höchsten Liebe brennet schon.
Kommt, küßt das Kind! es stillt den Zorn.
Ach, nun erhebt der Herr mein Horn.

Johann Christian Günther

WILHELM RAABE
AN JENSENS

23. Dezember 1877

Liebste Freunde!

D*iese* zwei Porzellangegenstände fehlten uns grade noch. Ich habe schon wochenlang in meinen Träumen Angst davor gehabt. Wehe Euerm Angedenken, wenn nach hundert Jahren unser Glasschrank einem *meiner* Urenkel auf den Kopf fällt! – – – Hier sitze ich, denke diese Kinder und Enkel und – schüttle das Haupt.

Vergnügte Feiertage! In Braunschweig regnet's, schneit's und eiset's glatt.

Euer getreuer
WR.

AM KAMIN

Stürme, Dezember, vor meinem Gemach,
hänge Zapfen von Eis an das Dach;
nichts doch weiß ich vom Froste;
hier am wärmenden, trauten Kamin
ist mir, als ob des Frühlings Grün
rings um mich rankte und sproßte.

All das Gezweige, wie es flackert und flammt,
plaudert vom Walde, dem es entstammt,
redet von seligen Tagen,
als es, durchfächelt von Sommerluft,
Knospen und Blüten voll Glanz und Duft,
grünende Blätter getragen.

Fernher hallenden Waldhornklang
glaub' ich zu hören, Drosselgesang,
sprudelnder Quellen Schäumen,
tropfenden Regen durchs Laubgeäst,
der die brütenden Vögel im Nest
weckt aus den Mittagsträumen.

Stürme denn, Winter, eisig und kalt,
an den Kamin herzaubert den Wald
mir der Flammen Geknister,
bis ich bei Frühlingssonnenschein
wieder im goldgrün schimmernden Hain
lausche dem Elfengeflüster.

Adolf Friedrich Graf von Schack

STILLE NACHT, HEILIGE NACHT

Stille Nacht, heilige Nacht!
Alles schläft, einsam wacht
nur das traute hochheilige Paar.
Holder Knabe im lockigen Haar,
schlaf in himmlischer Ruh,
schlaf in himmlischer Ruh!

Stille Nacht, heilige Nacht!
Hirten erst kundgemacht;
durch der Engel Halleluja
tönt es laut von fern und nah:
Christ, der Retter, ist da,
Christ, der Retter, ist da.

Stille Nacht, heilige Nacht!
Gottes Sohn, o wie lacht
Lieb aus deinem göttlichen Mund,
da uns schlägt die rettende Stund,
Christ, in deiner Geburt,
Christ, in deiner Geburt.

Joseph Mohr

WEIHNACHTSLIED

Maria lag in großer Not,
mit Lumpen angetan,
in einem Stall zu Bethlehem
und sah die Stunde nahn,
da sie ein Kindlein haben sollt.
Der Himmel stand in lauter Gold;
da hub ein Singen an:

»Süße Maria, sei getrost,
das um dich ist kein Stall.
Blick um dich, allerholdste Frau,
und sieh die Gäste all,
die von weither gekommen sind,
dich zu begrüßen und dein Kind
mit Flöt und Geigenschall.«

Und wie Maria ihr Haupt erhob,
o Wunder, was sie sah!
Es knieten auf der schlechten Streu
drei goldne Könige da,
und, wie wenns ihr Gefolge wär,
ein Heer von Engeln stand umher
und sang Halleluja.

Es war ein Licht und war ein Glanz,
wie sie es nie gesehn,
und vor den Türn und Fenstern war
ein Auf- und Niedergehn,
als ging die ganze Welt vorbei;
da hört sie einen leisen Schrei:
Da war das Glück geschehn.

Maria strahlte wie ein Stern
und hob das Kind empor;
das war so hold und engelschön
wie nie ein Kind zuvor,
die Wände sanken, und die Welt,
die weite Welt war rings erhellt,
und alles sang im Chor:

»O seht die Blume, die da blüht,
die Blume weiß und rot!
Der Kelch ist von der Lilie,
ein Herz darinnen loht.
Nun ist die ganze Erde licht,
wir fürchten Schmerz und Trauer nicht
und fürchten nicht den Tod.

Die Blüte leuchtet uns den Tag,
und es versank die Nacht,
und aus der Blüte wird die Frucht,
die alle fröhlich macht,
die Frucht, die allen Nahrung gibt,
der Mensch, der alle Menschen liebt,
die Liebe ist erwacht.«

Der Chor verklang. Es sank der Stall
in braune Dunkelheit.
Maria gab dem Kind die Brust.
Still ward es weit und breit.
Da ward Marien im Herzen bang,
sie küßt ihr liebes Kindlein lang,
ihr tat ihr Kindlein leid.

Otto Julius Bierbaum

WEIHNACHT IN DER GROSSSTADT

Ist Pfingsten das liebliche Fest und Ostern das erhabene, so ist Weihnacht das herzinnige. Es ist das Fest des Kindes, des ewigen, des heiligsten, des allmächtigen, des liebreichsten Kindes, des Königs der Kinder.

Und in welche Zeit des Jahres fällt das Fest! Wenn zu Pfingsten alles grünt und duftet, wenn zu Ostern Feld und Garten und Wald sich zu dem holden Lenze rüsten, so ist die Weihnacht zu der Zeit des kürzesten Tages und der längsten Nacht. Und dennoch, wie ahnungsreich und herzerfüllend ist die Zeit! Wenn der tiefe, weiße, makellose Schnee die Gefilde weithin bedeckt und an heitern Tagen die Sonne ihn mit Glanz überhüllt, daß er allerwärts funkelt; wenn die Bäume des Gartens die weißen Zweige zu dem blauen Himmel strecken und wenn die Bäume des Waldes, die edlen Tannen, ihre Fächer mit Schnee belastet tragen, als hätte das Christkindlein schon lauter Christbäume gesetzt, die in Zucker und Edelsteinen flimmern: so schlägt das Gemüt der Feier entgegen, die da kommen soll. Und selbst wenn düstre, dicke Nebel die Gegend decken oder in schneeloser Zeit die Winde aus warmen Ländern bleigraue Wolken herbeijagen, die Regen und Stürme bringen, und wenn die Sonne tief unten, als wäre sie von uns weg zu glücklicheren Ländern gegangen, nur zuweilen matt durch den Schleier hervorblickt, so würden fromme Kinder den Glanz durch den Nebel oder durch die bleigrauen Wolken ziehen sehen, wie das Christkindlein durch sie hinschwebt, wenn sie nur eben zu der Zeit hinaussähen, da das Christkindlein vorüberschwebt; denn das Christkindlein rüstet sich auch schon lange Zeit zu seinem Geburtsfeste, um den Kindern zu rechter Zeit ihre Gaben zu bescheren.

Und endlich kommt die heilige Nacht. So kurz die Tage sind, so hat doch an diesem Tage die Nacht gar nicht kommen wollen und immer dauerte der Tag. Das Christkind aber gibt die Gaben nur in der Nacht seiner Geburt. Und sie ist jetzt gar wirklich gekommen, diese Nacht. Die Lichter brennen schon in dem schönen Zimmer der Stadtleute, auf der Leuchte in der Stube der alten Waldhütte brennt der Kien oder es brennt ein Span in seiner eisernen Zange auf einem hölzernen Gestelle. In dem Zimmer mit den Lichtern oder in der Stube mit dem brennenden Kien oder dem brennenden Span harren die Kinder. Da kommt die Mutter und sagt: »Das Christkindlein ist schon dagewesen.«

Und nun öffnen sich die Flügeltüren und die Kinder und alle, die gekommen sind, die Freude zu teilen, gehen in das verschwiegene Zimmer. Dort steht der Baum, der sonst nichts als grün gewesen ist. Jetzt sind unzählige flimmernde Lichter auf ihm und bunte Bänder und Gold und unbekannte Kostbarkeiten hängen von ihm nieder. Und der Gaben ist eine Fülle auf ihm, daß man sich kaum fassen kann. Die Kinder sehen ihre liebsten Wünsche erfüllt und sogar die Erwachsenen und selbst der Vater und die Mutter haben von dem Christkinde Geschenke erhalten, weil sie Freunde der Kinder sind und die Kinder lieben. Die Bangigkeit der Erwartung geht jetzt in Jubel auf und man kann nicht enden, sich zu zeigen, was gespendet worden ist. Man zeigt es sich immer wieder und immer wieder und freut sich, bis der Erregung die Ermattung folgt und der Schlummer die kleinen Augenlider schließt.

Und wenn die Millionen Kinder, die in dieser Nacht beteilt worden sind, schon in ihrem Bettchen schlummern und ihr Glück sich noch in manchem Traume nachspiegelt und nun von dem hohen Turm des Domes in der großen Stadt die Schläge der zwölften Stunde der Nacht herabgetönt haben, so erschallt das Geläute der Glocken auf dem hohen Turm des Domes, es erschallt das Geläute der Glocken auf allen Kirchtürmen der Stadt und das Geläute ruft die Menschen in die Kirchen zum mitternächtlichen Gottesdienste. Und von allen Seiten wandeln die Menschen in die heiligen Räume. Und in dem hohen gotischen Dome strahlt alles von einem Lichtermeer; und so groß das Lichtermeer ist, das weit und breit in den unteren Räumen des Domes ausgegossen wird, so reicht es doch nicht in die Wölbung empor, in welche die schlanken Säulen oben auseinandergehen, und in jenen Höhen wohnt erhabene Finsternis, die den Dom noch erhabener macht. Der hohe Priester des Domes und die Priesterschaft feiern den Gottesdienst. Und so heilig ist das Fest, daß an diesem, und nur an diesem allein, jeder katholische Priester dreimal das heilige Meßopfer vollbringen darf. Und wenn schon die Baukunst in den zarten Riesengliedern des Domes dem Gottesdienste als Dienerin beigegeben ist, wenn die tiefe Pracht der kirchlichen Gewänder dem Feste Glanz gibt: so tönt auch die Musik in ihren vollen Wellen und in kirchlichem Ernste, von dem Chore

tadellos dargestellt, hernieder. Und wenn die heilige Handlung vorüber ist, zerstreuen sich Priester und Laien, die Lichter werden ausgelöscht und der Dom ragt finster zu dem Monde, wenn er am Himmel scheint, oder zu den Sternen oder gegen die dunklen, schattenden Wolken.

Und wie in dem Dome, so wird in allen Kirchen der großen Stadt mit den Mitteln der Kirche das heilige Mitternachtfest gefeiert, soweit die Mittel und der Eifer und die Andacht reichen. Und in jeder Kirche ist die gläubige Menge und feiert das Fest.

Wie um Mitternacht in der Weihnacht die Glocken der großen Stadt zum Gottesdienste rufen, so rufen auch in derselben Stunde alle Kirchenglokken der kleineren Stadt, der kleinsten Stadt, des Marktfleckens, des Dorfes, es rufen die Glocken aller Kirchen zu dem heiligen Feste. Und es sind Millionen Tempel, in denen man das Geburtsfest des heiligen Kindes begeht. Und wie die Mitternacht von Osten gegen den Westen herüberrückt, so rückt das Geläute von Osten gegen den Westen, bis es an das Meer kommt. Dort macht es eine Pause und beginnt nach einigen Stunden jenseits des Ozeans.

Am nächsten Tage haben die Menschen ihre festlichen Gewänder an, es ist Weihnachtstag. Der Taggottesdienst wird noch gehalten und in der ärmsten Hütte wird auf den Mittagstisch gestellt, was die Kräfte vermögen. Und wie an diesem Tage das Heil in die Welt gekommen ist, so wird von ihm an auch wie zur Versinnbildlichung der Winter, wenn gleich kälter, doch klarer, die Tage wachsen und alles zielt auf ein fröhliches Auswärts.

Adalbert Stifter

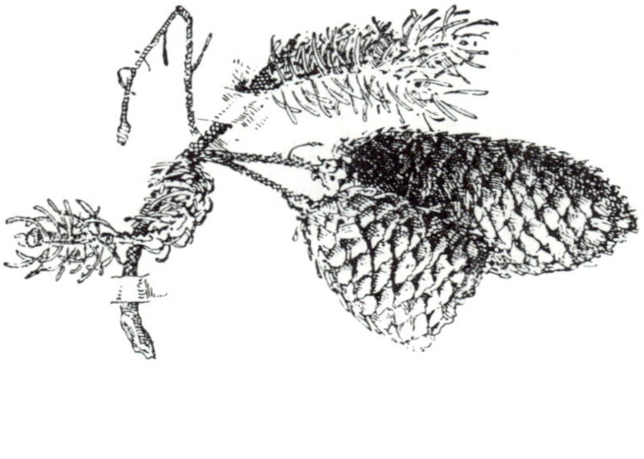

DIE HEIL'GEN DREI KÖNIGE

Aus fernen Landen kommen wir gezogen,
nach Weisheit strebten wir seit langen Jahren,
doch wandern wir in unsern Silberhaaren,
ein schöner Stern ist vor uns hergeflogen.

Nun steht er winkend still am Himmelsbogen:
Den Fürsten Judas muß dies Haus bewahren.
Was hast du, kleines Bethlehem, erfahren?
Dir ist der Herr vor allen hoch gewogen.

Holdselig Kind, laß auf den Knien dich grüßen;
damit die Sonne unsre Heimat segnet,
das bringen wir, obschon geringe Gaben.

Gold, Weihrauch, Myrrhen liegen dir zu Füßen,
die Weisheit ist uns sichtbarlich begegnet,
willst du uns nur mit einem Blicke laben.

Friedrich Schlegel

KOMMET, IHR HIRTEN, IHR MÄNNER UND FRAU'N

Kommet, ihr Hirten, ihr Männer und Frau'n!
Kommet, das liebliche Kindlein zu schau'n!
Christus, der Herr, ist heute geboren,
den Gott zum Heiland euch hat erkoren.
Fürchtet euch nicht!

Lasset uns sehen in Bethlehems Stall,
was uns verheißen der himmlische Schall!
Was wir dort finden, lasset uns künden,
lasset uns preisen in frommen Weisen:
Halleluja!

Wahrlich, die Engel verkündigen heut'
Bethlehems Hirtenvolk gar große Freud'!
Nun soll es werden Friede auf Erden,
den Menschen allen ein Wohlgefallen:
Ehre sei Gott!

Carl Riedel

EDUARD MÖRIKE
AN SEINE BRAUT LUISE RAU

Der Liebsten zum Heiligen Christ 1829

Hat jemand ein liebes feines Mädchen,
denkt er wohl zu jeder Zeit und Stunde,
wie er ihr durch eine hübsche Gabe
seine Liebe, sein Gedächtnis zeige.

Hat jemand nun Schätze dieser Erde,
ist man König, Graf und sonst ein Reicher,
müssen Gold und Perlen und Juwelen
einzig schön die Vielgeliebte schmücken;
ist man aber nur ein schlichter Knabe,
so begnügt man sich, dem süßen Kinde
ein bescheiden Kleidchen auszuwählen,
das den schlanken Leib gefällig zeige.

Auch ein Kistchen wird sie nicht verschmähen,
dem natürliche Magie verliehen,
jeden Schatz, den man ihm anvertrauet,
freundlich und geschwinde zu verdoppeln.
Dann ein Buch, worein das neue Jahr nur
lauter frohe Tage Dir diktiere,
aber, daß dabei – dies, Herzchen, bitt ich –
treue Liebe Dir die Feder führe!

Abend vor dem Christfest

Leider, mein geliebtestes Kind, bleibt mir nicht mehr Zeit übrig, als Dir meine innigsten Grüße noch beizufügen und den Wunsch vergnügter Weihnachten für Dich und die Lieben in Grötzingen.

Der Samstag bringt mir vielleicht Nachricht von Deinen letzten Tagen zu Nürtingen und von dem Befinden meiner guten Mutter. Mögest Du die Deinige wohl angetroffen haben. Tausend Grüße!! und mit Fritz, der mir nicht schreibt, sei ich sehr unzufrieden.

Leb wohl, Du meine Seele!

Dein Getreuer.

Ehre sey Gott in der Höhe
Friede auf Erden.
L. R.
1855

WEIHNACHTEN

Die Weihnachtsbotschaft ist schon längst verklungen,
verhallt auch sind der sel'gen Engel Lieder,
der Stern blickt nicht mehr auf die Krippe nieder,
des heller Strahl ins Morgenland gedrungen.

Maria hält ihr Kind nicht mehr umschlungen;
auch geht kein Schwert durchs Mutterherz ihr wieder;
denn längst schon hat des Himmelreichs Gebieter
sich auf zum Thron der Herrlichkeit geschwungen.

Und dennoch feiern wir lobsingend heute
die Nacht, in deren Schoß uns ward geboren
er, der vor unsrer Niedrigkeit nicht scheute,

sich unsre arme Knechtsgestalt erkoren
und liebend sich dem Tode gab zur Beute,
weil ohne ihn auf ewig wir verloren.

Julius Sturm

DES ALTEN EICHBAUMS LETZTER TRAUM
Ein Weihnachtsmärchen

Im Walde stand hoch auf dem Steilufer am offenen Meer so ein richtiger alter Eichbaum, er war gerade dreihundertfünfundsechzig Jahre alt, aber diese lange Zeit war für den Baum nicht mehr als für uns Menschen ebenso viele Tage; wir wachen am Tag, schlafen nachts und haben dann unsere Träume; mit dem Baum ist es etwas anders, der Baum wacht während der drei Jahreszeiten, erst zur Winterszeit hält er seinen Schlaf, der Winter ist seine Schlafenszeit, der ist seine Nacht nach dem langen Tag, welcher Frühling, Sommer und Herbst genannt wird.

Manch warmen Sommertag hat die Eintagsfliege seinen Wipfel umtanzt, gelebt, geschwebt und sich glücklich gefühlt, und ruhte dann das kleine Geschöpf für einen Augenblick in stiller Glückseligkeit auf einem der großen, jungen Eichenblätter aus, dann sagte der Baum immer: »Armes Kleines! dein ganzes Leben ist nur ein einziger Tag! Wie kurz nur! Es ist so traurig!«

»Traurig!« erwiderte dann immer die Eintagsfliege, »was meinst du damit? Alles ist doch so unvergleichlich hell, so warm und wunderbar, und ich bin so froh!«

»Aber nur für einen Tag, und dann ist alles vorbei!«

»Vorbei!« sagte die Eintagsfliege. »Was ist vorbei? Bist du auch vorbei?«

»Nein, ich lebe vielleicht Tausende von deinen Tagen, und mein Tag ist so lang wie ganze Jahreszeiten! Es ist eine so lange Zeit, daß du es gar nicht ausrechnen kannst!«

»Nein, denn ich verstehe dich nicht! Du hast Tausende von meinen Tagen, aber ich habe Tausende von Augenblicken, in denen ich froh und glücklich sein kann! Hört alle Herrlichkeit dieser Welt auf, wenn du stirbst?«

»Nein«, sagte der Baum, »die besteht sicher länger, unendlich viel länger, als ich es mir vorstellen kann!«

»Aber dann haben wir ja gleich viel, nur daß wir jeder anders rechnen!«

Und die Eintagsfliege tänzelte und schwebte durch die Luft, freute sich über ihre feinen, kunstvollen Flügel, ihren Flor und Samt, freute sich an der warmen Luft, die so würzig war vom Duft des Kleeackers und der wilden Rosen, des Holunders und des Geißblatts im Knick, ganz zu schweigen vom Waldmeister, dem Himmelschlüsselchen und der wilden Krauseminze; es war ein Duft so stark, daß es der Eintagsfliege war, als hätte sie einen kleinen Rausch davon. Der Tag war lang und herrlich, voller Wonne und süßer Empfindungen, und wenn die Sonne dann sank, fühlte die kleine Fliege sich so angenehm müde von all der Fröhlichkeit. Die Flügel wollten sie nicht länger tragen, und ganz sacht schwebte sie auf den weichen, schwanken Grashalm nieder, nickte mit dem Kopf, soviel er nicken konnte, und schlief dann ganz frohgemut ein, das war der Tod.

»Arme kleine Eintagsfliege!« sagte der Eichbaum, »das war doch ein zu kurzes Leben!«

Und jedweden Sommertag wiederholten sich der gleiche Tanz, die gleiche Rede und Antwort und das gleiche Entschlafen; all dies wiederholte sich für ganze Geschlechter von Eintagsfliegen, und alle waren sie gleicherweise glücklich, gleich froh. Der Eichbaum stand wach an seinem Frühlingsmorgen, Sommermittag und Herbstabend, nun war bald Schlafenszeit, seine Nacht, der Winter sollte kommen.

Schon sangen die Stürme: »Gute Nacht, gute Nacht! Hier fiel ein Blatt, dort fiel ein Blatt! Wir pflücken, wir pflücken! Sieh zu, daß du schlafen kannst! Wir singen dich in Schlaf, wir schütteln dich in Schlaf, aber, nicht wahr, es tut den alten Zweigen wohl! Sie ächzen davon vor lauter Wonne! Schlafe süß, schlafe süß! Es ist deine dreihundertfünfundsechzigste Nacht, eigentlich bist du erst ein neugeborenes Kind! Schlafe süß! Die Wolke läßt Schnee niederrieseln, ein ganzes Laken wird daraus, ein wärmendes Deckbett um deine Füße! Schlaf gut und träume süß!«

Und der Eichbaum war all seines Laubes entkleidet, um für den ganzen langen Winter zur Ruhe zu gehen und manchen Traum zu träumen, immer etwas Erlebtes, ebenso wie die Träume der Menschen.

Er war auch einstmals klein gewesen, ja, eine Eichel war seine Wiege gewesen; nach menschlicher Zeitrechnung lebte er jetzt im vierten Jahrhundert; er war der größte und höchste Baum im Walde, mit seinem Wipfel ragte er hoch über alle anderen Bäume hinaus und wurde weithin auf See gesehen, er war ein Seezeichen; er dachte gar nicht darüber nach, wie viele Augen ihn suchten. Hoch droben in seiner grünen Krone nisteten die Holztauben, und hier rief der Kuckuck, und im Herbst, wenn die Blätter aussahen wie gehämmerte Kupferplatten, kamen die Zugvögel und rasteten hier, ehe sie über die See weiterflogen; aber jetzt war es Winter, der Baum stand ohne Blätter, man konnte richtig sehen, wie knorrig und krumm die Äste sich ausstreckten; Krähen und Dohlen kamen und setzten sich abwechselnd darauf und sprachen von den strengen Zeiten, die bevorstünden, und wie schwer es sei, im Winter Futter zu finden.

Es war gerade in der heiligen Weihnachtszeit, da hatte der Baum seinen schönsten Traum; den wollen wir hören.

Der Baum hatte das deutliche Gefühl, daß es eine festliche Zeit war, er meinte ringsum alle Kirchenglocken läuten zu hören, und dazu war es wie an einem schönen Sommertag, mild und warm; er breitete ganz frisch und grün seine riesige Krone aus, die Sonnenstrahlen schimmerten zwischen Blättern und Zweigen, die Luft war vom Duft der Pflanzen und Sträucher erfüllt; buntfarbene Falter spielten »Fangen«, und die Eintagsfliegen tanzten, als wäre alles nur dazu da, daß sie tanzen und sich ergötzen konnten. Alles, was der Baum Jahre hindurch erlebt und um sich her gesehen hatte, zog vorüber wie ein richtiger Festzug. Er sah aus alten Zeiten Ritter und Frauen hoch zu Roß, mit der Feder am Hut und dem Falken auf der Hand, durch den Wald heranreiten; das Jagdhorn erscholl, und die Hunde schlugen an; er sah feindliche Soldaten, mit blinkenden Waffen und bunten Röcken, mit Spießen und Hellebarden, ihre Zelte aufschlagen und wieder abreißen; das Wachtfeuer loderte, und unter den ausladenden Ästen des Baumes wurde gesungen und geschlafen; er sah Liebende in stillem Glück sich hier im Mondschein treffen und von ihren Namen den ersten Buchstaben in die graugrüne Rinde ritzen. Zither und Äolsharfe waren einstmals, ja, es lagen Jahre dazwischen, in den Ästen der Eiche von reisenden, munteren Gesellen aufgehängt worden, nun hingen sie wieder da, nun tönten sie wieder so hold. Die Holztauben gurrten, als wollten sie erzählen, was der Baum dabei empfunden hatte, und der Kuckuck rief, wie viele Sommertage der Baum noch leben würde.

Da war ihm, als durchrieselte ihn ein neuer Lebensstrom bis in die kleinsten Wurzeln hinab und in die am höchsten ragenden Zweige hinauf, ganz bis in die Blätter hinein; der Baum spürte, wie er sich dadurch dehnte, ja, er spürte mit den Wurzeln, daß auch unten im Erdreich Leben und Wärme war; er spürte, wie er an Kraft zunahm, immer höher emporwuchs; der Stamm trieb in die Höhe, es gab keinen Stillstand, er wuchs mehr und immer mehr, die Krone wurde schwellender, breitete sich aus, hob sich – und in dem Maße, wie der Baum wuchs, nahm auch sein Wohlbefinden zu,

seine beglückende Sehnsucht, immer höher hinaufzugelangen, bis hinauf zu der leuchtenden, warmen Sonne.

Schon war er weit über die Wolken hinausgewachsen, die gleich dunklen Zugvogelschwärmen oder Scharen von großen weißen Schwänen unter ihm dahinzogen.

Und jedes Blatt des Baumes konnte sehen, als hätte es Augen zum Sehen; die Sterne wurden am Tage sichtbar und glänzten; jeder einzelne blitzte wie ein Augenpaar, so freundlich, so hell; sie erinnerten an wohlbekannte, liebevolle Augen, Kinderaugen, die Augen von Liebenden, wenn sie sich unterm Baum trafen.

Es war ein holder Augenblick, so wonnevoll! Und dennoch, in all der Wonne empfand er ein Sehnen und ein Verlangen danach, daß all die anderen Bäume des Waldes dort unten, alle Sträucher, Pflanzen und Blumen sich mit ihm erheben und diesen Glanz und diese Freude fühlen und empfinden könnten. Der riesige Eichbaum, im Traum all seiner Herrlich-

keit, war nicht ganz glücklich, wenn er nicht alle mit dabei hatte, groß und klein, und dies Gefühl durchbebte Äste und Blätter so innig, so stark, als wären sie eines Menschen Brust.

Die Krone des Baumes bewegte sich, als suchte und vermißte sie etwas, er blickte zurück, und da spürte er den Duft von Waldmeister und bald einen noch stärkeren Duft von Geißblatt und Veilchen, er meinte zu hören, wie der Kuckuck ihm Antwort gab.

Ja, zwischen den Wolken guckten die grünen Wipfel des Waldes hervor, er sah unter sich die anderen Bäume wachsen und sich gleich ihm erheben; Sträucher und Pflanzen schossen hoch empor; einzelne rissen sich mit der Wurzel los und flogen hurtiger. Die Birke war am schnellsten; gleich einem weißen Blitzstrahl knisterte ihr schlanker Stamm in die Höhe, die Zweige wogten wie grüne Schleier und Fahnen; die ganze waldige Natur, sogar die braungefiederten Schilfrohre, wuchsen mit, und die Vögel folgten singend, und auf dem Halm, der gleich einem langen, grünseidenen Band lose flatterte und flog, saß die Grille und spielte mit dem Flügel auf ihrem Schienbein; die Maikäfer brummelten, und die Bienen summten, jeder Vogel sang, wie ihm der Schnabel gewachsen war, alles war Gesang und Frohsinn bis in den Himmel hinein.

»Aber die kleine blaue Blume am Wasser, die muß ebenfalls mit!« sagte der Eichbaum; »und die rote Glockenblume! und das kleine Gänseblümchen!« – Ja, die Eiche wollte sie allesamt mit dabei haben.

»Wir sind da! wir sind da!« sang und klang es.

»Aber der schöne Waldmeister vom vorigen Sommer – und im Jahre davor war hier eine Flut von Maiglöckchen! – und der Holzapfelbaum, wie stand er wunderbar – und all die Waldespracht der vergangenen Jahre, der vielen Jahre! Hätte sie doch jetzt gelebt und wäre jetzt entstanden, dann hätte sie doch auch mit dabeisen können!«

»Wir sind dabei! wir sind dabei!« sang und klang es noch weiter oben, es war, als wären sie voraufgeflogen.

»Nein, es ist ganz unglaublich schön!« jubelte die alte Eiche. »Ich habe sie alle bei mir, klein und groß! Nicht einer ist vergessen worden! Wie ist doch all diese Glückseligkeit möglich und vorstellbar!«

»In Gottes Himmel ist sie möglich und vorstellbar!« tönte es.

Und der Baum, der immer wuchs, spürte, wie seine Wurzeln sich von der Erde lösten.

»Das ist nun das Allerbeste!« sagte der Baum, »jetzt halten mich keinerlei Bande mehr! Ich kann zum Allerhöchsten in Licht und Glanz hinauffliegen! Und alle Lieben habe ich dabei, klein und groß! Alle sind dabei!«

»Alle!«

Das war des Eichbaums Traum, und während er träumte, toste in der heiligen Weihnacht ein heftiger Sturm über Land und Meer; die See wälzte schwere Wogen auf den Strand, der Baum ächzte, knarrte und wurde mit der Wurzel ausgerissen, als er gerade träumte, daß seine Wurzeln sich lösten. Er stürzte. Seine dreihundertfünfundsechzig Jahre waren nun wie für die Eintagsfliege ein Tag.

Am Weichnachtsmorgen, als die Sonne hervorkam, hatte der Sturm sich gelegt; alle Kirchenglocken läuteten festlich, und aus jedem Schornstein, selbst dem kleinsten auf dem Dach des Kätners, stieg der Rauch bläulich auf wie vom Altar beim Fest der Druiden der Opferrauch des Dankes. Das Meer wurde immer stiller und stiller, und auf einem großen Schiff da draußen, das in der Nacht das schwere Unwetter wohl überstanden hatte, wurden nun alle Flaggen gehißt, weihnachtlich und hübsch.

»Der Baum ist fort! Der alte Eichbaum, unser Seezeichen an Land!« sagten die Seeleute. »Er ist in dieser Sturmnacht gestürzt! Wer soll den nun ersetzen; das kann keiner!«

Eine solche Grabrede, kurz, aber gut gemeint, erhielt der Baum, der lang ausgestreckt auf der Schneedecke am Strande lag; und über ihn hinweg tönte Choralgesang vom Schiffe, das Lied von der Freude in der Weihenacht und der Erlösung der Menschenseelen in Christo und vom ewigen Leben:

»Singe laut, o Gottes Kind!
Halleluja, da wir sind
in Wonne ohnegleichen!
Halleluja, halleluja!«

So ertönte der alte Choral, und jeder einzelne dort draußen auf dem Schiff fühlte sich auf seine Weise durch ihn und das Gebet erhoben, ganz so wie der alte Baum erhoben wurde durch seinen letzten, seinen schönsten Traum in der Weihenacht.

Hans Christian Andersen

MORGENSTERN DER FINSTERN NACHT

Morgenstern der finstern Nacht,
der die Welt voll Freuden macht,
Jesulein, komm herein,
leucht in meines Herzens Schrein.

Schau, dein Himmel ist in mir,
er begehrt dich, seine Zier,
säum dich nicht, o mein Licht,
komm, komm, eh der Tag anbricht.

Deines Glanzes Herrlichkeit
übertrifft die Sonne weit;
du allein, Jesulein,
bist, was tausend Sonnen sein.

Du erleuchtest alles gar,
was jetzt ist und kommt und war,
voller Pracht wird die Nacht,
weil dein Glanz sie angelacht.

Deinem freudenreichen Strahl
wird gedienet überall:
Schönster Stern, weit und fern
ehrt man dich wie Gott den Herrn.

Ei nun, güldnes Sternenlicht,
komm herein und säum dich nicht;
komm herein, Jesulein,
leucht in meines Herzens Schrein.

Angelus Silesius

EPIPHANIAS

Die heil'gen drei König' mit ihrem Stern,
sie essen, sie trinken, und bezahlen nicht gern;
sie essen gern, sie trinken gern,
sie essen, trinken, und bezahlen nicht gern.

Die heil'gen drei König' sind kommen allhier,
es sind ihrer drei und sind nicht ihrer vier;
und wenn zu dreien der vierte wär',
so wär' ein heil'ger König mehr.

Ich erster bin der weiß' und auch der schön',
bei Tage solltet ihr erst mich sehn!
Doch ach, mit allen Spezerei'n
werd' ich sein Tag kein Mädchen mir erfrein.

Ich aber bin der braun' und bin der lang',
bekannt bei Weibern wohl und bei Gesang.
Ich bringe Gold statt Spezerei'n,
da werd' ich überall willkommen sein.

Ich endlich bin der schwarz' und bin der klein'
und mag auch wohl einmal recht lustig sein.
Ich esse gern, ich trinke gern,
ich esse, trinke, und bedanke mich gern.

Die heil'gen drei König' sind wohlgesinnt,
sie suchen die Mutter und das Kind;
der Joseph fromm sitzt auch dabei,
der Ochs und Esel liegen auf der Streu.

Wir bringen Myrrhen, wir bringen Gold,
dem Weihrauch sind die Damen hold;
und haben wir Wein von gutem Gewächs,
so trinken wir drei so gut als ihrer sechs.

Da wir nun hier schöne Herr'n und Frau'n,
aber keine Ochsen und Esel schaun,
so sind wir nicht am rechten Ort
und ziehen unseres Weges weiter fort.

Johann Wolfgang von Goethe

DIE FLUCHT
DER HEILIGEN FAMILIE

Länger fallen schon die Schatten,
durch die kühle Abendluft,
waldwärts über stille Matten
schreitet Joseph von der Kluft,
führt den Esel treu am Zügel;
linde Lüfte fächeln kaum,
’s sind der Engel leise Flügel,
die das Kindlein sieht im Traum,
und Maria schauet nieder
auf das Kind voll Lust und Leid,
singt im Herzen Wiegenlieder
in der stillen Einsamkeit.
Die Johanniswürmchen kreisen
emsig leuchtend übern Weg,
wollen der Mutter Gottes weisen
durch die Wildnis jeden Steg.
Und durchs Gras geht süßes Schaudern,
streift es ihres Mantels Saum;
Bächlein auch läßt jetzt sein Plaudern,
und die Wälder flüstern kaum,
daß sie nicht die Flucht verraten.
Und das Kindlein hob die Hand,
da sie ihm so Liebes taten,
segnete das stille Land,
daß die Erd’ mit Blumen, Bäumen
fernerhin in Ewigkeit
nächtlich muß vom Himmel träumen –
o gebenedeite Zeit!

Joseph Freiherr von Eichendorff

ALLE JAHRE WIEDER

Alle Jahre wieder
kommt das Christuskind
auf die Erde nieder,
wo wir Menschen sind.

Kehrt mit seinem Segen
ein in jedes Haus,
geht auf allen Wegen
mit uns ein und aus.

Ist auch mir zur Seite
still und unerkannt,
daß es treu mich leite
an der lieben Hand.

Volkslied

ÜBERSCHRIFTEN UND ANFÄNGE DER GEDICHTE UND LIEDER

VERZEICHNIS DER DICHTER